JUVENILJA
& POEMA TË TJERA

NDRE MJEDA

një botim i:
LIBRASHQIP

Tiranë, 2023
ISBN: 9798223369929

KLASIKËT SHQIPTARË

Koleksioni "Klasikët Shqiptarë" synon të mbledh veprat kryesore të shkrimtarëve më të mëdhenj të letërsisë së Rilindjes dhe Pavarësisë në një gamë të vetme.

Letërsia shqiptare e Rilindjes Kombëtare lindi dhe u zhvillua si pjesë e pandarë e lëvizjes politiko-shoqërore e kulturore për çlirimin e vendit nga zgjedha e huaj. Kjo lëvizje, që nis nga mesi i shekullit XIX dhe arrin deri në vitin 1912, quhet Rilindje Kombëtare, prandaj edhe letërsia e kësaj periudhe quhet letërsi e Rilindjes Kombëtare. Kjo është kryesisht një letërsi patriotike me frymë demokratike e popullore. Tema kryesore e saj ishte dashuria për atdheun dhe popullin, evokimi i së kaluarës heroike dhe lufta për çlirimin kombëtar e shoqëror.

Kushtet historike që përcaktuan zhvillimin e saj, ishin kryengritjet e vazhdueshme kundër pushtuesve osmane, lufta për pavarësi dhe për ruajtjen e tërësisë tokësore të vendit nga synimet grabitqare të imperialisteve dhe të qarqeve shoviniste fqinje.

Letërsia e Rilindjes pati një drejtim iluminist e në periudhën e fundit edhe vepra realiste, por në thelbin e vet ajo ishte një letërsi romantike. Në veprat më të, mira të saj u shprehen ideale të larta kombëtare, malli dhe dashuria e zjarrtë për mëmëdheun, krenaria për të kaluarën e lavdishme të popullit shqiptar dhe ëndërra për ta parë Shqipërinë e lirë, të pavarur e të lulëzuar.

Figura më e shquar e kësaj periudhe është padyshim, Naim Frashëri, autor i poemës "Bagëti e Bujqësi,, i "Historisë së Skënderbeut,, dhe i shumë poezive të tjera patriotike, lirike e filozofike. Figura të tjera të shquara janë Jeromim De Rada, A.Z.Cajupi, Gavril Dara i Riu, Ndre Mjeda, Asdreni etj.

Letërsia e Rilindjes shënon një etapë të re në historinë e letërsisë shqiptare. Ajo shënon kalimin nga letërsia me brendi fetare e karakter didaktik, në letersinë e re shqiptare, në letërsinë e mirfilltë artistike, duke hedhur në të njëjtën kohë edhe bazat e gjuhës sonë letrare kombëtare.

Në vështrimin e shndërrimeve letrare kapërcyelli i shekullit të 20 është një kohë veçanërisht e shënueshme. Më 1900 vdes Naim Frashëri. Po në këtë vit Fishta boton shkrimet e para, kurse vetëm një vit më parë lind Lasgush Poradeci, poeti më i madh modern shqiptar.

Me mbarimin e shek. XIX përmbyllet letërsia e Naimit dhe një periudhë e letërsisë shqiptare. Këtu është një prerje ndërmjet letërsisë së Naimit (romantike) dhe letërsisë që nis me brezin e 1900-shit, ku hyjnë Konica, Fishta, Çajupi, Asdreni, Noli e M. Frashëri me një letërsi joromantike. Të parën e karakterizon ideja kombëtare, kurse të dytën ideja shoqërore apo ideja njerëzore. Kjo e dyta është periudha e letërsisë së pavarësisë që do të zotërojë ngadalë katër dhjetëvjeçarët e parë të shekullit XX.

Në vështrimin kulturor-historik e në vështrimin strukturor, letërsia e pavarësisë nis në fund të shekullit të kaluar me Konicën, kur shfaqet një model shkrimi kritik, i ndryshëm nga shkrimi i mëhershëm himnizues, dhe zhvillohet me poezinë e Lasgush Poradecit që kërkon forma të reja, gjuhë të re poetike dhe efektin estetik të letërsisë, që ndërton në thellësinë e vet identitetin e botës shpirtërore shqiptare.

Letërsia e Pavarësisë shqiptare është një periudhë letrare që vjen pas periudhës së Rilindjes që kurorëzohet me letërsinë e Naim Frashërit. Kjo periudhë letrare shkallë-shkallë ngre dallimet me letërsinë pararendëse dhe forcon karakteristikat e veta ideore e strukturore.

Përurues dhe nismëtar i kësaj periudhe është Faik Konica me Albaninë e tij (1897-1909), ku boton autorët e 1900-ës, madje dhe komenton këtë letërsi të re në revistën e tij. Kështu, Konica bëhet edhe teoriku e kritiku i parë dhe i pakontestueshëm i kësaj letërsie. Në një artikull të vitit 1906, "Kohëtore e letrave shqipe", si dhe në interpretimet e veprave të Çajupit, Asdrenit, Nolit e Gurakuqit, Konica vëren se letërsia e re lirohet nga zotërimi i ideologjisë kombëtare të romantizmit. Kjo letërsi artikulon dallimin ndërmjet veprimit atdhetar dhe krijimit letrar estetik. Prandaj Letërsia e Pavarësisë, që në nismë, shqipton kërkesën e krijimit të letërsisë si vlerë më vete, pa marrë parasysh qëllimin. Në anën tjetër, edhe qëllimi fillon të pretendohet që të arrijë nëpërmjet frymës kritike e jo frymës himnizuese, si dhe brendapërbrenda shoqërisë shqiptare dhe shpirtit të kombit.

Kjo letërsi pati disa trajta. Ajo u shfaq si trashëgimi e simbolizmit (Asdreni, Lasgushi), si realizëm me frymë kritike (Çajupi, Noli), në trajtë neoklasiciste (Fishta, Mjeda, Haxhiademi) apo në trajta të papara të modernizmit në prozë (Koliqi, Migjeni, Kuteli).

Ky libër do të sjell librin "Juvenilja", një përmbledhje me poezitë, poemat dhe përkthimet e Dom Ndre Mjedës, botuar për herë të parë në

Vjenë më 1917. Vëllimi Juvenilia është një përmbledhje e poezive të Mjedës, nisur që me poezinë Vaji i bylbyli shkruar më 1886 në Porto-Ré, kur ishte 20 vjeç. Libri kishte 79 faqe me këto poezi në përmbajtje: Vaji i bylbylit, I tretuni, Andrra e jetës, I mbetuni, Shtegtari, Vorri i Skanderbegut, Mahmud Pasha në Mal të Zi, Mustaf Pasha në Babune, Malli për atdhe, Giuha shqype, Préndvéra, Vera, Vjeshta, Vaji i dallëndyshes, Vllavrasi, Të vorruemit Sir John Moore, Mbreti Tules, Dimni.

Sipas Elsie ndoshta nuk është rastësi që titulli i kësaj vepre të Mjedës është po ai i vëllimit poetik të Karduçit *Iuvenilia*. Juvenilja e Mjedës përfshin jo vetëm poezi origjinale, por edhe përshtatje nga poezia e huaj: "Vaji i dallëndyshes" nga Grosi, "Vllavrasi" nga Kaparoco, "Të vorruemit Sir John Moore" nga Vulf dhe "Mbreti Tules" nga Gëte.

Poezitë botohen siç janë shkruajtur nga Mjeda, në shqipen e asaj kohe.

PËRMBAJTJA

PËR VEPRËN

Mjeda shkroi shumë krijime poetike, shkrime për fëmijës si dhe proza me karakter didaktik fetar. Por ai mbetet kryesisht poet. Veprat e tij kryesore janë "Juvenilja", "Liria", "Lisus", "Scodra".

Dy poemthat e para "Vaji i bylbylit" dhe "I tretuni" paraqitin interes jo vetëm si fillime të krijimtarisë letrare të Mjedës, por edhe për vlerën atdhetare dhe artistike, si edhe për mundësinë që na japim të ndjekim zhvillimin e personalitetit artistik të poetit. "Vaji i bylbylit" është krejt lirik dhe shtjellohet nëpërmjet një simboli; bilbili i mbyllur në kafaz është shqiptari nën zgjedhën osmane.

Ndonëse vepra mbështillet me tisin e hollë të melankonisë, i kuptueshëm për moshën dhe për gjendjen shpirtërore në të cilën u shkrua, përfundimi i saj është thellësisht optimist, pasqyron ligjin filozofik të përparimit të jetës, që frymëzon edhe besimin në të ardhmen e Shqipërisë.

"I tretuni" dëshmon për një pjekuri më të madhe ideoartistike. Melankonia e "Vajit të bylbylit" këtu është shndërruar në dhembje krenare, stoike, e cila shprehet më së miri nëpërmjet paralelizmit me natyrën në shtrëngatë, që e hap poemthin. Ndryshe nga poemthi i parë, ky ka një subjekt të dhënë në forma lirike; fatin e një atdhetari shqiptar, të internuar nga pushtuesit. Poeti do të ketë mendua se ky mund të kishte qenë edhe fati i tij. Në këngën e parë që përshkruan ndarjen e të mërguarit me qytetin e lindjes, Shkodrën dhe me atdheun, duken qartë elementët autobiografikë. Po Mjeda nuk mbeti në shtjellimin e thjeshtë të një materiali jetësor; ai diti ta përgjithësojë e t'i japë vlerë aktuale. Heroi i poemthit është një fshatar i varfër. Dhe tek zgjedhja e një protagonisti të tillë, ndihet dashuria e Mjedës për masat fshatare, ndjenjë që do ta shtyjë gjatë tërë krijimtarisë së vet t'i zgjedhëheronjtë nga rradhët e fshatarësisë. Te "I tretuni" ndeshen figurat dhe mjetet e njohura romantike të pasqyrimit të realitetit si: ngjyrat e forta në përshkrimin e natyrës, stuhia në pjesën e parë, që ka edhe një kuptim simbolik, bregdeti i ashpër shkëmbor, ku ka qëndruar heroi duke kujtuar atdheun, ndonjë simbol, si lejleku që e lidh me vendlindjen. Këtu gjenden edhe elementë të riprodhimit besnik të mjedisit, nëpërmjet kujtimeve të protagonistitdhe sidomos vizatimi i figurës së nënës. Lirizmi dhe epizmi shkrihen në mënyrë të harmonishme. Variacioni në vargje e strofa pasqyron botën shpirtërore të trazuar të protagonistit. Poemthi mbyllet me një frymë të lartë burrërore dhe optimiste: heroi nuk pendohet për rrugën e zgjedhur, po është krenar se vuan për hir të atdheut. Nëpërmjet figurës së nënës "të treturit" që del në këngën e fundit, lartësohet figura e nënës shqiptare, e dhembshur dhe kreshnike, që rrit bij trima dhe atdhetarë. Që në këtë poemth të hershëm shohim atë që do të jetë një meritë e rëndësishme e veprës së Mjedës: pasqyrimin e denjë të figurës së gruas shqiptare, veçanërisht si nënë. Ndër lirikat e ndryshme të përfshira ose jo në veprën "Juvenilja" ka një varg vjershash me të cilat poeti ndjek traditën e Rilindjes ku himnizon bukuritë e atdheut ("Malli për atdhe", "Mikut tem Pal Moretti"), duke i kënduar gjuhës si mjet zgjimi të ndërgjegjjes kombëtare ("Gjuha shqipe"), ku i kushton një vëmendje të veçantë problemit themelor të luftës për pavarësi, që ishte bashkimi i shqiptarëve ("Bashkonju", "Shqypes arbnore").

Mjeda, gjithnjë në vazhdën e Rilindjes, ngre lart figurën e heroit kombëtar, si simbol bashkimi dhe burim besimi në fitore. ("Vorri i Skanderbeut", "Shqypes arbnore", "Bashkonju", "Për një shkollë shqype mbyllun prej qeverisë otomane", "Mikut tem Pal Moretti", "Mikut Pal Moretti", "Lisus", "Liria"), duke theksuar në këtë poemë të fundit lidhjen e thellë të Skënderbeut me popullin, me masat fshatare.

Në vjershën "Mikut Pal Moretti", Mjeda jep një gjykim të drejtë e të mprehtë jo vetëm për rëndësinë e Skënderbeut, si shpëtimtar i qytetërimit evropian, po edhe për politikën dredharake të fuqive të mëdha të Evropës së kohës së vet, që, për interesat e tyre, mbanin në këmbë perandorinë e kalbur osmane. Që në këtë vjershë romantike atdhetare vihen re nota shoqërore. Motive shoqërore janë vënë në bazë të dy vjershave të "Juvenilias": "I mbetuni" dhe "Shtegtari". Aty preken dy plagë të dhimbshme të Shqipërisë së kohës si: kurbeti dhe qëndrimi mospërfillës i klasave të pasura ndaj njerëzve të thjeshtë të popullit, bartës të luftës për çlirimin e vendit. Po trajtimi i këtyre problemeve nga pozitat e romantizmit me gjurmë sentimentalizmi dhe fryma e humanizmit kristian që i përshkon vjershat i ka zbehur deri diku dhe ka bërë që këto vjersha të mos kenë forcën e vjershave realiste të Çajupit dhe të Asdrenit, me të njëjtën tematikë.

"Lisus" (botuar më 1921) dhe "Scodra" (1940) janë vepra, ku thelbi romantik vishet me një formë klasiciste. Këta dy poemtha liriko-epike karakterizohen nga një stil i kërkuar dhe retorik. Poeti himnizon këtu të kaluarën e lashtë të popullit tonë (te "Lisus" përmes materialit historik, kurse te "Scodra" nëpërmjet legjendës). Interes ka te "Lisus" paraqitja e figurës së Skënderbeut, që poeti ka dashur ta bëjë sa më njerëzore.

Origjinaliteti dhe fuqia e vërtetë e talentit të Mjedës kanë gjetur shprehje në krijimet ku ai arrin në realizëm, si në vjershën "Mustafa Pasha në Babunë", në poemthin "Liria" dhe në kryeveprën e tij "Andrra e jetës".

Tek e para, duke u nisur nga një fakt historik, tradhtia e Mustafa Pashë Bushatlliut, poeti ka tipizuar me forcë, duke e përshkruar "mbi thasë të florinjve, ndër valle jevgash" figurën e feudalit të zvetënuar, anadollak, parazit, që është kurdoherë gati të bëjë fli interesat e atdheut për të vetat. Vjersha merr kështu një kuptim të gjerë përgjithësues, duke tingëlluar si akuzë e fuqishme kundër të ashtuquajturve atdhetarë, përfaqësues të shtresave të larta, që përfitonin nga sakrificat e popullit. Figurës së Mustafa Pashës poeti i kundërvë masën e fshatarësisë së ngriturnë këmbë për mbrojtjen e atdheut, duke u bërë zëdhënës i urrejtjes së saj kundër feudalit tradhtar.

"Liria", poemthi epiko-lirik, i ndërtuar me tingëllima, me problematikë politiko-shoqërore, është, ndofta, vepra e Mjedës që ka ide më të fuqishme. Në të ndihet jehona e kryengritjeve të malësorëve të Veriut më 1911, që tingëllon me forcë që në vargjet e para:

"Lirim, lirim bërtet gjithkah Malcia" dhe vjen duke u rritur nga një

tingëllimë në tjetrën. Poeti frymëzohet nga lufta për pavarësi e amerikanëve kundër kolonizatorëve angleze, që ishin edhe pronarë tokash, dhe ua tregon shqiptarëve si shembull. Në mbylljen e poemës, ku paralajmërohet shpërthimi i kryengritjes së përgjithshme shqiptare nëpërmjet një mjeti të dashur për rilindasit, paraqitjes së hijes së Skënderbeut, që ngrihet nga varri. Poeti thekson se heroi kombëtar shkon "Ksollë për ksollë". Në këtë poemth ka vargje që dëshmojnë për afrimin e Mjedës me idetë demokratike. Kështu, ai pohon se kryengritësit mundën "kështjellat atnore", gjejmë aluzione për shfrytëzimin e fshatarësisë (...s'ka me dalë ushtari me i grahë bulkut si kaut me sjeçe t'begut"). Këto mund të dëshmojnë se Mjeda e sheh lirinë të fituar prej amerikanëve jo vetëm në plan kombëtar, po edhe në plan shoqëror dhe shpreson se populli shqiptar do të shkundë shfrytëzimin e egër bashkë me zgjedhën feudale.

Në këtë poemë shkrihen konçiziteti dhe forca shprehëse. Krahasimet dhe antitezat janë trondisëse ("lirinë e keni ju/ ne hekra kemi...", "Posi berra që bleu mishtari vemi"). Romantizmi ia ka lënë vendin një realizmi ngjethës, një pasqyrim plot dramatizëm të gjendjes së atdheut. Vargu është njëmbëdhjetërrokëshi, i cili krijon atmosferën e madhërishme, përdorimi i bartjeve i jep dinamizëm stilit dhe shoqëron alternimin e ndjenjave dhe të mendimeve. Lloji i zgjedhur i organizimit të vargut në tingëllima i disiplinon shpërthimet lirike. Gjuha është e pasur, megjithatë veçoritë krahinore e vështirësojnë leximin e lirshëm.

Ndre Mjeda shkroi relativisht pak, por vepra e tij letrare mbetet ndër më të rëndësishmet e letërsisë sonë. Ajo dëshmon se ndodhemi para një atdhetari të flaktë që, lirinë e Shqipërisë e të ardhmen e saj e të popullit shqiptar, e ka vendosur në qendër të veprimtarisë së tij atdhetare e letrare. Ky vëllim përfshin veprën e zgjedhur të poetit atdhetar, si Juvenilia, Andrra e jetës, vjersha e poema të tjera, si edhe disa përkthime të tij.

JUVENILJA

Váji i bylbylit

Po shkrihet bóra
Dimni po shkon ;
Bylbyl i vorfen,
Pse po gjimon ?

Pushoj murrlani
Me duhí t' vet :
Bylbyl i vorfen,
Çou, mos rri shkret.

Gjith fushët e malet
Blérimi i mbëloj ;
Livadhi e pêma
Gjith kah lulzoj.

Ndër pýlla e ograja,
N' mâ t' mirin vênd,
Me rreze dielli
Po e gëzon gjith kênd.

E tuj gjimue
Shkon rreth e rreth
Nji prrue qi véret
Rrjeth nëpër gjeth.

Â çilë kafazi
Bylbyl, flutrò
Ndër pýje e ograja
Bylbyl, shpejtò.

Kërkush mâ hovin

Atjè s'ta pret ;
Me zeher haejen
Kërkush s'ta qet.

Kafaz ké qiellin,
Epshin pengim ;
E gjith kû t' rreshket
Shkon fluturim.

Nëpër lamije
Ké me gjetë mel ;
Për gjith prêndvéren
Njajò buk t' del.

E kúr t' zitë edi
Ndër prroje pi ;
Te njatò prroje
Qi ti vetë di.

Tash pá frigë çerdhen
E bân n' do 'j lis ;
Nuk jé si i nieri
Qi nuk ká fis.

E kúr t' vîn zhegu,
Kúr dielli shkon
Ti ké me këndue
Si ké zakon.

Rreth e rreth gjindja
Me t' ndie rri ;
Prei così vêndit
Dahen me zi.

Â çilë kafazi,
Bylbyl, flutrò ;
Ndër pýje e ograja,
Bylbyl, shpejtò.

Ndër drandofille
Ndër zamakë nga ;
Kû qeshet kopshti
Idhnim mos mba.

Po shkríhet bóra,
Dimni po shkon
Bylbyl i vorfen,
Pse po gjimon ?

II

Por váj! se 'j dimen tjetrë
Paske, o bylbyl i shkreti,
Pá dá tý zêmra t' treti
Mbas vájit qi t' rrethon.

Me lulzim t' vet prêndvéra
Tý s'ta pertrîn gazmêndin :
Jo kurr s'e njifke shêndin,
Bylbyl, qi po vajton.

A thue po kján, se çerdhen
Ta ká shkatrrue skyferi ?
A thue po kján, o i mjeri,
Se me rrnue gjáll s'ke mél ?

Ndrrojn' edhè stinët e motit,

E për gjith ças ndrron éra :
Mbas dimnit vjen prêndvéra,
Mbas borés blerimi del.

Veç ti me idhnime t' tuja
N' zêmer gjithmonë po pîhe,
E dit' e natë po shkrîhe
Mbas vájit qi t' mundon.

Kúr â tui ardhun drita
Ndíhet tui këndue shpêndi,
E n' kângë i duket shêndi
Qi zêmren ja gazmon.

Njeti ndër pêmë, ndër lule
Shkon e flutron bylbyli ;
N' at érë qi nep zymyli,
Vjollca e zamaku nget.

Por tý n' kafaz t' shterngueshëm
Tý t' paska ndrye mizori,
E kurr nji herë nuk t' xori
Me t' lëshue kû zêmra t' thrret.

Ti kurrnji kangë s'ja këndove
Diellit kúr nadje çohet ;
Zêmra me váj t' coptohet
E me pajtue nuk don.

Ndoshta kujdesi i t' tújve
Gjith ket idhnim ta qiti,
E shêndin ta shutiti
E vshtira qi i mundon.

T' burguem i bâni gjindja
Veç perse donë me ndie
Njat zâ qi lëshojnë me hije
Qi t' kënaq e qi t' bân rob.

Çdo krajl i madh ndër shpija
Tý t' mba m' u thanë i veti ;
Vetë bukurija, o i shkreti,
Kênka për jú nji kob.

Persè tu ndêja e t' mëdhajve
Nji shpênd i vogel s'ndalet ;
Shpêndit i kande malet,
Çerdhen e t' parve do.

Me at zânin tând t' permállshem
Ndoshta ti ankon këto t' vshtira :
Deri sá t' kthejn' e mira,
Bylbyl, pá prâ gjimò.

III

Por njaj váj qi jé tui lëshue,
Bylbyl, zêmren ma copton ;
Dit' e natë rri tui prigiue,
Váj për mue ! kush mund t' ngushllon?

Gjâma e jote â porsi ankimi
I nji fëmijës qi vetun mbet :
Gjâma e jote â si shungllimi
I nji t' zezës qi gjâ s'e pret.

Porsi dnesë me futë ne krye

Nana e shkretë qi mbet pá djelm ;
Njashtû tine rrî tui shfrye
Njat idhnim qi t' u bá helm.

Puna jote, o i mjeri m' mbyti
E kërkund nuk m' lên pushim ;
Shkoj nji muej, po shkon i dyti,
T' zezat t' tuja s'kan mbarim.

Tesh ndër arë lulzoj qershija,
E me bórë dimni po shkon :
Kurr s'mbarojnë t' zezat e mija,
Gjama e jote kurr s'mbaron.

Si t' burguemit n' ishull t' détit,
Kû tallazi thekshem vret,
O t' vín t' ftoftit o t' vîn t' xetit,
Vaji zêmren ja pelset ;

E pá prâ n' ankime t' veta
Vajton fisin qi lerg la ;
E tu fëmija i shkon si zhgjeta
Mêndja e shkretë se mbet pá ta ;

Njashtû ti rri tui vajtue
N' njat kafaz qi shungullon ;
Fisin tând rri tui mêndue
T' zín atdhé qi s'e harron.

Për fat tând, për zogj qi kishe
Ndoshta zêmrâ, i mjeri, t' dhêmb ;
Me e pasë dijt'te mjerët kû rrishe
Kërkue t' kishin gêmb mbi gêmb.

Me e pasë ndie njat zâ qi lëshoshe,
Me e pasë ndie njat vajin tând,
Kishin ardhë kûdo qi t' shkoshe,
T' kishin lypun kând e kând.

Njat váj tândin tui kujtue
Pa mbyllë sŷt kanë shkue sá net ;
Pvetshin hânen tui gjimue,
Pvetshn hýjt për prínd te vet.

Por aj kob qi hâna e dijti
E njaj váj qi hylli pau,
T' shkretve n' vesh kurr nuk ju mbrrîjti,
E kurr zêmra nuk ju dau.

Me dijt' hyjt me bisedue,
Me pasë sy qi me dérdhë lot,
Vajin tând ju kishin prue,
T' kishin kjá për jet' e mot.

Nëpër fush' e nëpër shpija,
Me zití qi s'nep afat,
Rreth e rreth t' kishin ardhun fëmija,
Kjámun t' kishte i ngriti fat.

IV

Por ça ká toka, bylbyl, ndrron moti ;
Ankimi e váji nuk âsht i zoti
Për gjithmonë zêmren me na çoptue ;
    Fillò me gëzue.

Mbas bóret t' dimnit çilet prêndvéra ;

Nji ditë nuk gjindet qi s'po ndrron éra ;
Sêndet qi patme janë tui mbarue ;
    Fillò me gëzue.

Tui dnes' i vorfni se e mbluene t' kijat,
Me ankime t' veta mbushë rrugët e shpijat ;
Lecim por s'mbramit gjên tui punue :
    Fillò me gëzue.

Kjájn' fëmijn' e dekun prindt e shkretnuem
Me 'j váj qi duket se s'ka t' pajtuem ;
Por zêmren moti jau ndrron tuj shkue :
    Fillò me gëzue.

Ndër ishuj t' detit kján i burguemi
Për fmijë, për grue qi s'shef i shuemi ;
Por prap durimi ká me ja prue ;
    Fillò me gëzue.

Shpênd tjerë burgosi sá herë mizori,
E rishtas jashta dikúr i xori ;
Ndër fush' e male janë tui flutrue :
    Fillò me gëzue.

Flutrojnë ndër male, flutrojnë ndër lule,
Flutrojnë kû çerdhen motit e ngule,
E kangët e parshme nisin me këndue :
    Fillò me gëzue.

Ndër zogj qi kishe ndo' j herë do t' hasin,
Ndër pêmë, ndër lule bashkë me'ta ngasin ;
Për tý të vorfnuemit rrijnë tui shpnesue :
    Fillò me gëzue.

Bylbyl, ky shekull ór' e ças ndrrohet :
Bijnë poshtë te nêltit, i vogli çohet ;
Edhè natyra po don m' u ndrrue :
     Fillò me gëzue.

Krajlnít mâ t' moçmet ndrrohen me t' réja,
E nji mij' popuj ránë porsi rrfeja ;
Po kthen motmoti qi pat mbarue :
     Fillò me gëzue.

Porsi motmoti ndrrojmë dhe na vetë,
Herë herë gazmohna, herë rrijmë te shkretë,
Por vaji e ankimi kan për t' u shue :
     Fillò me gëzue.

Mbas vájit t' tashem ká me t' ardhë shêndi,
Ka me ta shëndoshun zêmren gazmêndi ;
Për máll, si motit, zânë ké me e lëshue ;
     Fillò me gëzue.

Kúr t' shkojsh ndër fusha, kúr t' shkojsh ndër male,
Afer shpís s' ême hovin tand ndale ;
Mahnit', at zânin tand tui prigiue,
     Kam për t' u gëzue.

I tretuni

I

Me shí pshtjellun acarija
Permbî bjeshkë po shungullon ;
E prei maleve stuhija
Ujët e détit e pervëlon.

Mal e rê, porsi dy zdapa,
Ngrehin luftë qi gjâ s'e pret ;
Gjimon moti e par'e mbrapa
Mndershem rrféja po kerset.

Po këjo gjâmë qi bân natyra,
Këjo duhí qi s'ká pushim,
E kësaj zêmres â pasqyra,
Â pasqyra e vájit t' im.

Porsi'j ujk qi naten turret
E mbas deleve luron,
Kërkon mal e kërkon shkurret
Déri sá ndo'j vath'e rmon ;

Kênka thanë m' u lëshue mizori
Mbî krye t' êmin pá nji faj ;
Kênka thanë me pshtue fajtori
E me hup kush s'â si aj.

E me lanë njat vênd qi driten
E këtij shekullit m' perftoj,
M' u largue prei asish qi m' rriten,
Qi kurr zêmra si harroj.

O ti diell, qi pá nji hije
Mbî Bjeshkë t' Nênuma shkelxên
Për mue ndoshta atà shkambije
Ské me i shndritë kah shkon e vjen.

Val' e Drinit rrotullore,
Qi për mal e fusha bje ;
E ti e Buenës rrjedha qetore,
Jo, s'do t' m' shifni kurr atjè.

Porsi rê qi tret duhija
M' ikë, o shqype, vêndi i jot ;
E kurr mâ ndër ditt e mija
Ndoshta n' tý nuk piqem dot.

Lamtu mirë, o mori Shkodrë !
Lamtu mirë, o ti Cukal !
Zhduket Buena nen nji kodrë
Zhduket Drini nen nji mal.

Lamtu mirë, o ti nanë shkreta
Qi me t' vshtira m' rrité kaq,
N' kohë mâ t' mirë për tý un treta,
Kúr pleqnija kërkon paq.

Veshn'ju lule, qi ju vûna
Me kujdes n' at kopshtin t' êm ;
Tretni zogj, qi' i ditë ju xûna
Tui flutrue gêmb mbi gêmb.

E ti grunë, qi muell buqari
Me djersë t' ballit e t' punoj,
Thai për hânë, o te mbloftë bari,

Se un tý kurr mâ nuk t' kërkoj.

Por ju, dele, qi blegroni
N' bjeshk'e n' vrrî me tuba shpesh,
Shton'ju, shton'ju e lerg m' i çoni
Për tregtarë do bashka lesh.

Hapi n' bjeshkë, çetinë mbretnore,
Hapi gêmbat, kând e kând ;
Trashu, shparth, me trup e lëvore,
Lëshoju, bré me at shtatin tând.

Ndoshta 'j ditë n' nji breg te thyeshëm
Ndo'j lundric' o'j barkë shtegton ;
Drûnin t' uej, për shêj t' mallënjyeshëm
Barka o lundra ma difton.

II

O terr i kësáj shpélles,
O hekra t' shterngueshme,
Ju falem ! mâ t' kthélles
Ndër gropa t' shêmbtueshme,
I falem, se shqimit
Ju m' hiqni trishtimit.

Ky diell, qi këtû shifet
S'â dielli i Shqypnís ;
Kjo dritë qi këtû njifet,
Â fundi i terrsís,
Nuk flet jo, shqyptari
Si ndihet këtû pari.

E kândshme si véra
Kúr çilin bylbylat ;
Permállshem si éra
Qi napin zymylat,
Ndër lule mâ s' parit,
Â giûha e Shqyptarit.

Bylbyla, qi s' ndihni
N' ket t' mjeren shkretí ;
Zymyla, qi shkrîhni
N' ket t' madhe thatí
Pa mujtë me lulzue,
S'â vênd ky për jue.

Ju njeti galdoni :
Kû â flladi i pelqyeshëm,
Kû qetas del kroni,
Kû gurra del rrmyeshëm,
Zymyli n' kopshtije
Terbohet nen hije.

Ograja bleroshe,
Kodrina t' lulzueme,
Ti njeti kërkoshe,
O shpêz' e bekueme,
Njat kangë, jo me shfrye
S' â vênd ky për tye.

Këtû váji e trishtimi
Veç ndihet ndër shpija ;
Këtû ndihet . . . . . . tingllimi
I hekrave t' mija,
E gjama e nji t' shkretit
Qi merr vala detit.

III

Po këndon nji djalë te bregu
Permállshem si tui kjá ;
As muzgu i natës as zheku
Smundet andej me e dá,
Si váj gjithkahë i shkote
Zâni nëpër shkambíj.

Pshtetun mbi bërryl kah dédi,
Kû s'shifet gjâ, me sy
T' perlotshem kqyr', e n' vedi
Duket se do me ndry
Nji sênd qi mbrênd' i vëlote
Si grêtha o si gjarpîj.

Këndote nji fushë t' punueme
Me grunë e me barishta;
Këndote nji shpí t' vorfnueme
Kû vajton mbrêndë ferishta,
Vajtojnë dý goca t' mjera
Me nji kunatë t' pá fat.

Ndîhèj si 'j zâ qi fiket
Létas n' gjith at shkretí ;
Si nji percjellë muzhiket
Dukej ankimi i tij ;
Si zâ lahutet qi éra
E tretë prei kësollet n' shpat.

Ah ! pásh at váj qi t' grîni !
Mos e ndal kângen djalë,

N' zêmrë nji gëzim m' pertrîni
Njaj vai i yt, nji fjalë
T' âmblë si ndesha e mikut
Qi zêmren ta gazmon.

Për atdhé tand ti, vetun
Nëpër shkretí t' këtij vêndit,
N' zêmrë pelset, i tretun
Lerg shpís e lerg gjith sêndit,
O djalë, e n' frymë t' denikut,
N' furí t' kësáj érës vajton.

Janë xhevahira, o i mjeri,
Lott qi t' kullojnë për dhé ;
E permbî mjaltë â vëneri
Qi t' turbullon n' at fé ;
Jan'ár e gûr t' páçmueshëm
Për nji kunorë n' krye t' at.

Ndoshta'j tallaz qi avitet
Tesh merr prej lotsh nji pikë,
E valë mbî valë prei dritet,
Me njallë nji uzdajë qi â fikë,
Kalon e'j shêj t' lakmueshëm
I çon t' shkretnuemit fat.

IV

O lejlek, o shpênd udhtár,
Qi prei slargut jé tui mbërrî,
Pàsh njat frymë qi merr e t' bár,
Ndalu 'j herë n' njiket shkretí,
Nji fjalë t' vetme due me t' pvetë,

15

O lejlek, o shpênd i shkretë.

Ndoshta ti kah jé tui ardhë
Atdhén t' êmin e kalove,
Fushat t' ona me krahë t' bardhë
Kodrat t' onat i kërkove ;
Ndoshta n' Drî ké lá atá fletë,
O lejlek, o shpênd i shkretë.

Edhè un n' kopshtije t' mija
Nji lejlek dikúr kam pasë ;
Për gjith ditë tui m' ardhë te shpija
Para deret e kam hasë;
Vîte lét te e mjera nanë,
Vîte e lýpte'j sênd me ngranë.

E nan-zeza nuk pritote
Fqinit t' vet me ja mbajt besen ;
E për ditë me ça i teprote
Zogut t' bardhë i shtrote truesen ;
Hate e pite ashtû gjith vérës
Aj lejlek, e u falte ndérës.

Une vetë me njat fatzí
Nd' oborr t' shpís sá herë kam ndêjun ;
Rrishe e lujshme nëpër shpí
Pá u merzit' e pá ja mêjun,
Nji pecë t' kuqe i pata qepë
N' kâmbë t' errmaktë qi kishte repë.

Oh ! me e pá nji ditë n' këto vênde !
Me dijt' aj i mjerë për mue !
Ne 'j mij' t' pvetuna e mij' sênde
Kishe i mjeri me e rrethue,

Kish ta shof nji herë ! . . . aj vetë
Kênke ti, lejlek i shkretë.

Mirë se vjen ! Vetë Perêndija
T' paska prûmun ndër kto vênde ;
Se me tý gjith Shqyptarija
Fluturim mue m' erdh, e n' mênde
T' tânë me' j herë njaj dhé m' pertrîhet,
O lejlek, kû Shqypja ndîhet.

Ah ! m' kallxò, kallxò të verteten,
A lén dielli edhè mb' at ânë ?
A xhixhllojnë, si paras, n' t' shkreten
Shqyptarí e hyj e hânë ?
A lulzojnë me lule t' érshme
Mal e fushë si n' kohë t' at-hershme ?

Për njat plakë qi me buk t' rriti
M' diftò, zog, a mund t' qindrojnë ?
A thue kâmbën jasht' e qiti
Ndër kopshtije qi lulzojnë,
Rreth e rreth tui lypë me sy
Diç qi n' zêmrë ká pá shfry ?

Gjamët, e saja tui ushtue
A i ké ndie nëpër at shpí,
Kúr shkon diten tui ankue
Nji djalë t' shkretë qi e la n'pleqní ?
Nji djalë t' shkretë qi e mjera bori,
Qi n' dhé t' huej ká tretë mizori.

Atjè prap n' at çerdhen tânde
Ké me kthye, lejlek, n' prêndvérë ;
Njatò vênde qi t' i kânde

Ké me i pámun edhè 'j herë :
E n' at shpí kû askurr s' u trême,
"Fal me shëndet" m' i thuej nanës s' ême.

Thuej se e pásh n' udhtime t' mija ;
Pertè détin n' nji shkretí ;
E kurrgjâ n' ankime t' tija,
Për pos nanës nuk i kam ndie,
Thuej : për tý veç kishte drojë,
Thuej . . . . . por ça? ti jé pá gojë.

V

Nuk kalon nji nat' e nd' ândërr,
Porsi zhgjândërr,
E shof nanen këtu për brî ;
Me krye vjerrtë, me lot për sy
Rri tui shfry
Njat idhnim qi do me e grîe.

Ndêjun m' duket prep te votra,
Kû me motra
N' dritë t' kandilit qepte e arnote ;
Por njat gaz nuk ká qi i shndritte
Kúr goditte
Petkat djalit e shêndote.

Kqyrë njat vênd kû mbramje rrishe,
Kúr nuk kishe
Fije idhnimit nëpër ftyrë,
E ngurron si t' kênke gurit,
E, pshtetë murit,
Lott i dalin rrkajë tui kqyrë.

18

T' kishe dekë mâ mir', o i mjerë,
Thote sá herë,
Afer nanës qi t' desht e t' ruejti ;
T' kishe mbyllë me duer te mija,
Këtû te shpija,
Njatà sy qi mordja shuejti.

Afer vorrit tând nan-shkreta,
Porsi bleta,
Ishte sjellun tui gjímue ;
E n' at bár qi kishte qitë,
Për gjith ditë,
Ndonji lule kish kërkue.

Po nji lule, o dashtení,
Qi kish bî
Për mjedis te zêmres s' ote.
Kishe mbledhë nji fije bîmet,
Qi prei dhimet
M' ishte dukë se djali m' çote.

Kjo pelhurë qi vetun mbëlova
E punova
Nat' e ditë kurr pá ja mêjun,
Kishte mbëlue kocîjt e mí ;
Por për brî
Djalit t' êm i kishe ndêjun.

E mandej, si del nji krue
Tui bumue
Rreth e rreth prei brîjes s' malit,
Rrkaj' i ulen lott për rrudha,
— Nuk âsht udha,

Nanë, m' u idhnue për t' zeza t' djalit.

Kúr n' ket shekull n' drit' e qite,
Kúr e rrite
Me njat mûnd qi nep hitija,
"Nji nanë tjetrë, thoshe, ké,
Bír n' ket dhé,
Nana e jote â Shqyptarija.

Mênd e zêmrë për tê shkrîji,
E pertrîji
Nâm e lavd kúr t' i vîn dita".
Mbas fjalësh t' tua për herë shkova,
E t' ndigiova :
Shqyptarín nuk e korrita.

Ândrra e jetës

Trina

I

Molla t' kputuna nji deget,
Dý qershija lidhë n' nji rrfanë,
Kû fillojnë kufit e Geget
Rrijnë dý çika me nji nanë.

Krekcë e bré perzie me lisa
Rriten rrotull me çetinë,
Plepa t' but' e qeparisa
Mbëlojnë e veshin at ledinë.

S'ushton mali prej baktijet,
S'fryn murrlani me duhí ;
Paq i kthílltë prei Perendijet,
Paq prei nierit e qetí.

Gurra e lugut veç ushtote
Si lahutë me kângë kreshnike ;
E ndër pêmë bylbyli këndote
Valle darsmet e fisnike.

Ngreh, bylbyl, n' at hije valle,
Ushtò, gurrë trimneshë, n' shkâmbije ;
Búlk i nates, kungallë, qi talle
Nëpër gêmba e për lamije,

Këndoni këndoni ! Veç prei stanit,
T' ardhmen Trina mbrámje n' shpí,

Tui blegrue nji kîj mbas zânit
T' deles nanë keni me ndie.

Veç prei plehit gjel kokoti,
Me njat zâ qi s'ndrron kurr-herë,
Ká m' u gjegjë se â tui ndërrue moti,
Se â tui çue nji tjetrë érë.

II

U ndie nji zâ te shtegu :
Cicé ! del se erdh murgjina,
E mbrapa po vjen Trina
Me 'j qingj te sykes ngryk.

E duel me mjelcë te burgu
Lokja, xuer viçin jashtë,
E shega, e létë, si kashtë,
Tui kcyemun u berlyk.

Ju suell oborrit rrotull
Tu' u hjedhë me bisht perpjetë ;
Deri sá plaka vetë
Rrshanë tu murgjina e çoj.

Moli, tui këndue lopen,
Tui pritun viçin prórë ;
E tambli, bardh si bórë,
Permbrênda mjelcës ngufoj.

Mandej muer kîjin pezull
E u vû me syken n' sanë,
Sá çote tamblin anë

Zoga me xé do pak.

Muer edhè krânde e cokla,
E Trinken muer për brí :
Ish lodh : i dhimte nd' ijë,
E kishte mollzat gjak.

Vûni do krânde n'votrë
E fryni n' zjerm qi ish ndalë ;
Thej pshesh me tambel valë,
E mbushi kupet plot.

Pshesha me kollomoqe,
T' mirë edhè për zotni,
Kúr don për rob e shpi
Me i fal' i madhi Zot.

E hangri Zoga shieshëm,
Por Trina s'hangri gjâ,
As lokja, qi ishte vrâ
Mbas çikës, nuk hangri dot.

Por tìrte ndêjë te votra,
Tui kqyrë me zêmer t' plasun ;
Tui nduk' at shllungë te rrasun
Ju mbushshin sýt me lot.

Kúr nji mbas nji pranë zjermit
U lodhne gjûmit fëmija,
U çue, e t'dy, si kîja,
Mbî t'shtruemen i vêndoj.

E tírte prep te votra ;
Pêj tírte për xhubleta ;

E i dukej se tu këneta,
Se n' shpella me drangoj,

Tírshin dhè shtojzovallet
Tui luejtë pá-mêjun gishtat ;
Siellshin me pleq ferishtat,
Ndoshta edhè fëmijn' e vet ?

E shkoj me i pá, tui pritun
Driten e pishës me dorë :
Ngrykas, si dy qellorë
Me krahë pá pupla, i gjet.

III

Cicé, shkâ ka sot Trinka
Qi po priton m' u çue ?
Zgjoje me dalë me mue,
Me lëshue baktín e vet.

– Bij', mos e prek, se njomja
Tash â tui folë me Zojen ;
Lên zân e mos çil gojen
Se e lumja Zojë t' bertet.

Qe prifti, nanë, qe dajat
Mbas tij me qíri n' dorë ;
Katundca me malcorë
Sá shpíja nuk i xê.

– Rri, bij' se sunte Trinka
Po shkon me bûjtë te Zoja ;
Merri këto lule e çoja

Së lumes dhuntí për tê.

25

Zoga

I

Npër ograjë po kënojnë bylbylat
Si tu' u prrallë me shoqi shojnë ;
Drandofilleve zymylat
T' kandshmen erë dhuntí ju çojnë,

E nalt n' qiell mâ e bukur hâna
Rreze t' paqta shkon tui shkrî ;
Maje bjeshkve fillon Zâna
N' valle shoqeve m' u prî.

Lodhë prei végësh, prei rranjesh shpijet,
Si u bâ natë, ndêj Zoga n' votrë ;
Ndêj m' u xé me drû dullijet
Qi kish bâ npër mal, pá motrë !

E kuvêndte me nanë locen,
Si përgjûmshem, ndonji fjalë,
Déri sá brî votrës gocen
E muer gjûmi dal ka dalë.

Fjet brî votrës; e kúr shkëndija
Shndritte at fëtyr' te pá travajë,
Ejëll prei qiellet ulë te shpija
Dukej faret fëtyra e sájë.

Herë n' at gjûmë tui qeshun dukej,
Si m' u falë herë doren çote ;
Herë permállshem n' védi strukej
E n' fëtyrë gjaku t' tân'i vëlote.

(Ngrîmun n' ár, mbi'j pullalí,
Nen balkue nji beg kish dalë ;
Holl'e i giatë porsi silví
N' rrugë nen gardh ish dukë nji djalë.)

E nan-bardha tui shikjue
"Flej me êgjuj, thotë, o bí,
Pushò shtatin me i ndimue
Lokes s' ate nëpër shpí".

II

Prei nen nji tjegllet kish dalë si j trá
Kû nji mij' tésha vëloshin pá dá ;
Permbî shpí ndîhej tui rrahun troka
        E ushtote toka

Prei kámbësh t'bagtíve. Ká dalë Harapi
Heret, e shpatit delet ja hapí,
Ká dalun Mica me lopë te mëdhaja
        Nëpër ograja.

Kúr u zgjue Zoga vojt te balkoni,
E pau se bleta vëlote te zgjoni ;
Pau se n' at náde poshtë nji lavruer
        Kish bâ nji shpuer.

Tui sjellun krahnin këndote me védi,
E i rridhte krahve si nji valë dédi,
Kû shndriçem dielli lëshote si zhgjeta
        Rrezet e veta.

Rreze, flak'arit. Por rrotull fëtyra

E fushës kish ndrrue ; kish ndrruemun zyra
E bímës e e pêmve ; permbi balkue
      Déri kish ndrrue

Érë filcigêni ; po i vîte j tjetrë
Erë : makthit ; e rruga e vjetrë
Nën shpí, mbas gardhit, por si nji dritë
      Shkote tui qitë.

Nuk e kish vrûmun kurr ndër dit t' veta
At rrugë n' balkue. Ktheshin me çeta
Asajt katundsit tui dalë pá prâ,
      E ajò s'kish pá.

U nis te puna merziçem. Nisi
Ndër pêj sovajken, e shpata krisi,
Cirlikue rrotllat posht' e perpjetë
      Nen kâmbë te shpjetë.

E vojt n' dritore prap. Ndoshta begu
Ká mbrrîe te rruga e pret te shtegu
Veshun me t' arta, mbî j pullalí,
      Për bukurí.

Nuk ishte begu : nen dielli t'valtë
Veç dý dallëndysha bájshin do baltë ;
Balt' e kashtare për çërdhe t' vet,
      Se shën Ejëlli â nget.

Ndoshta po avitet nji djal' i rí,
I holl' e i giatë porsi' j silví,
Me rryp rreth brêzit, me nji gjashtore,
      E' j kacatore.

Nuk erdhi djali : veç dy bylbyla,
Nji n' drandofille, nji ndër zymyla,
Permállshem thrrasin, e shoqi shojnë
    Me kângë gazmojnë.

III

Vijnë dallëndyshat porsi éra
Pertè dét te çérdhja e vet ;
Vîjnë bylbylat kû prêndvéra
N' pýje t'veshura po i thrret.

Se qe pêmët kan êndun lulet,
E u vesh fusha me blerim ;
Létas prroni malit ulet
Dá prei bórës qi i nep ushqim.

E, i dishruem, bje për fushore
Me rritë bîmen për gjithvênd,
Kû 'j érë akullit mizore
Kishte hupë lulzim e shênd.

Edhè ti prei asáj qi t' rriti
Dáju, vash', e mos vajtó ;
Me nji veshë, qi kurr s'ta shndriti
Paras, shtatin hijeshò.

Bashkë me lule lén dashtnija,
Me kângë t'shpêndit qi galdon ;
E prêndvéres bukurija
Bashkë prei gjûmit t' tan' i zgjon.

Del, o bij' prei shpijes s' ate,

Del prei t' vorfenit katund ;
Njajò flakë qi n' zêmrë pate
Do t' percjellin tjeter-kund.

T' pret nji zêmrë flak' e shkëndija,
Pret me tanden m' u bâ nji ;
Sa jetë t' apin Perendija
Mos m' u dámun kurr prei si.

T' lypë nji bes' e ta nep t'ndérshme
Dora e unâza qi t' vên n'gisht :
E ndërmjet pr' at besë t' gjíthhershme
Â dorxan' i Lumi Krisht.

Sogjetarë, porsi furija
E nji rrfés qi qetat shpon,
Janë të qiellit nêlt ushtrija,
E n' dorë shpata ju veton.

E din idhun rregj Davidi,
E dijnë lott qi pá prâ qet
Kur shef morden se kositi
An' e mb' anë krajlnín e vet.

IV

E kândshme âsht hâna
Kúr del me zâna,
E n' tokë me dritë perndaret.
Hyjzit qi shndrisin
E qi shetisin
Npër qiell, janë t' bukur faret.

Kúr del agimi,
E rruzullimi
Me 'j dritë kuqloshe mbëlohet,
E permbi kashta
Shndritë pika lashta,
Zêmra për máll gazmohet.

Âsht i madh shêndi
Kúr ndíhet shpêndi,
Ndër pýje tui pingrue ;
E knaqshme â 'j lule
Kúr ju perkule,
O fllad i lét, me e lmue.

Por s'i giet qielli,
Nuk i giet prílli,
As fllad qi shetitë lulet
E me érna veshet,
Foshnjes qi i qeshet
Nanës, kúr mbî 'te perkulet.

Lokja

I

E n'balkue mbaruene lulet :
Shurdh' â vêndi e shpija tytë ;
Jo, me loken nji e dytë
Nëpër shpí mâ nuk u gjet.

Vetun zbardh' e vetun erret
Me krye n' hî e shumja plakë ;
Nji dorë krânde me i bâ flakë
Permbî votrë kush s'ja qet.

E disprohet me vetvédi
Qi nuk bâni kurrnji djalë :
Sot e réja i kishte dalë
Bashkë me dritë për drû në shpat.

Kish mbájtë zjermin ndezë mbî votrë,
Ja kish njomë njat buk e mjera ;
Edhè Lokja me gjith tjera
Kishte dalë me petka n' shtat.

Kish shkue motin sí prêndvéra
Me ndo'j fëmij' tu' e kalamêndun ;
Ishte knaqë tui e permêndun
Tash e tash ferishta n' djep.

E disprohet ke i ve mêndja
Ór' e ças te Trina e shkreta !
Ja lypë mórdës n' ankime t' veta
Por mizorja nuk ja nep.

II

U shty vjeshta e krisantemi
Vetun vorreve lulzon ;
Landët e pýje, gjith kû kemi,
Tui fry veri po i cungon.

Ndrron prei dimnit landa veshen,
E lëshon gjetht qi para pat ;
E, për mëshier, duhít qi ndeshen,
Ja çojnë t' vorfnit me i bâ shtrat.

Bite bór' e fryte véri
Tui çue akull për gjith vis ;
Nêlt orteku ushton për mnéri
Tui fundue çetin' e lis.

Me dý cokla n'votrë plaka
Rri gjith naten e vajton ;
Rri me duer kah ndezet flaka
Porsi nieri kúr uron.

E shikjon nji dritë t' venitun,
Vron pasqyren e jetës s' vet :
E lerg Mórden tui kositun
E kujton e pran' e thret.

U ndie 'j frymë permbrênda shpijet
Porsi érë qi vjen pá shkas ;
E, n' at muzg, nji vegim hijet
Lokes n' votrë lét ju qas :

Permbî plaken krahët i uli,

E ngryk t' shuemen e shterngoj ;
Buzët t' shpulpueme n' báll ja nguli ;
U ndal drita e ajò mbaroj.

Shtegtari

Nëpër male e nëpër fusha
Pá pushue, pá xanun vênd,
Perpín rrugen si harrusha
Nji shtegtár me gjith gazmênd.

As katundi mâ i pelqyeshëm,
As gjyteti nuk e pret ;
Porsi'j zog merr rrugen rrmyeshëm
Shpejt e shpejt për vênd të vet.

Dit' e natë thekshem tui shkue
Nëpër dhena mbetun shkret,
Kurgjâ s' mujti me e hutue
Tui bâ rrugë për vênd të vet.

N' pikë të zhekut nen ndo'j hije
Ndêj prei së xétit qi e pelset ;
Por me t' shpejt' u vûe për fije
Tui bâ rrugë për vênd të vet.

Bâshin darsma nëpër shpija,
Lutshin festa për katund ;
S'ju di darsmave hitija,
S'e pret festa jo kërkund.

Fest' i dukej ndër mâ t' mirat
Shpija e vogel qi dishron ;
Shênd i bâheshin të vshtirat,
Tui shpejtue për shpí qi don.

Mbas nji fushës e pertè malin

T' mjer' shtegtarin shpija e pret ;
Tui e pritë te dera dalin
Për gjith mbrámje robt e vet.

E shikjojn' gjith kahë mêrr syni
A po duket baba kund ;
Dér sá nata mbrênd' i ndryni,
Kúr xhixhllojshin dritët n' katund.

Ec, hitat, shtegtár i ngriti,
Se mbas fushes qi mbaron,
Shpija e jote gadi mbërrîti,
Shpija e jote qi flakron.

N' buzë të mbrámjes për nji breshtë
Ky shtegtár pá dijt' u gjet,
Kúr për s' lerg ndër lisa t' shpeshte
Zâ i venitun n' vesh i vret.

Vojt e syni kah del gjama
Pá mêndue për shpí të vet :
Nji grue shtrî ku u çilte lama
E dy fëmijë permbyzun gjet.

Zêmer-dhimshmi tui u afrue
Kqyrë kush ishin me kujdes :
Ju muer fryma, n' fëtyr' u ndrrue
E rá n' tokë porsi kush des.

Shumë dit pritne : aní prei fisit
Me i dalë para u nisne truç ;
N' rrugë mbet grueja brî nji lisit,
Edhè fëmija ráne lmuç.

Tui bâ rrugë ne e nesre shkote
Nji zotní për at t' zí vênd :
Gruen e fëmíjt permbyz i mbëlote
Njai shtegtár pá gojë pá mênd.

Vorri i Skanderbegut

Diq i Madhi: askund n' ushtrí
S'e shef mâ jo kurr mizori ;
Rrebtë si paras s'shndritë, Shqypní,
Niajò shpatë qi sá herë xori,
Frik' e mnerë kërkund s'na mbeti
Qýsh se né na u rrxue gjyteti
E gjith fisin e rrênoj.

Diq: vorfnisht n' njat vorr â mbëlue
Pá lumní mâ i madh luftari :
Fisi i jonë me tê u rrênue,
Me tê diq për luftë shqyptari.
Bashkë n' at vorr â mbëlue Shqypnija
Deri sá ta thrrasin mnija
Me e thá doren qi e turpnoj.

Si krismë luftet gjith u hapte
Nëpër fushë te njatij vorrit ;
Kush për terr andej u kapte
Ndijte 'j duhmë, si duhmë toborrit ;
Shoqe mb' shoqe shpata kriste,
E kalorë, ushtrí qi u niste,
Merrshin hovin për at vênd.

Edhè u dukte se luftote
Shpirt me shpírt për atò fusha ;
Trupi n' vorr ndoshta ju shkote
E atà u hidhshin si harusha.
Lypshin luftë për vênde t' veta,
Për djelmní çalltorë si zhgjeta
Tym e flakë lypshin me shênd.

Lerg e lerg do brima ushtoshin :
Varza e grá me flokë të shprishun
Afer vorreve u rrethoshin
Tui bâ váj e tu' u dermishun.
Kjájshin t' mjerat se temeli
I atdheut u tund, e i shkeli
Kombi i huej nen kâmbë të vet.

E nget vorrit t' Skanderbegut
Rrite 'j zojë mê futë në krye ;
Prei mjesnatet e n' pikë t' zhegut
Shqyptarija rri tui shfrye ;
Tui derdhë lot e tuj vajtue
Rreket t' dekunin me zgjue
Qi ká n' báll : lumní, pushtet.

E prei vorrit t' ktij farë trimit
Mêrrte uzdajë për vedi e mjera.
Te ky ltér i dashunimit
Niste djelmt për luftna tjera.
Njitû shpesh u çil ushtrija,
Njitû u njifte trimenija
Kombt' e huej me i ndalun n' cak.

Rreth e rreth mâ e kândshmja érë
Drandofilleve ju ndihej,
E n' ket vorr t' shuguruem n' prêndvérë
I natyrës gazmêndi shihej :
Lott e shêndin e Shqyptarit
Njiky vorr i dijte s' parit,
Njitû shfryte i rí e plak.

Çou, o trim, e mbî t' tú vllazen

Sielli syt qi xhixhillojshin ;
Kqyr sá kobe n' ta po shprazen
Kqyr se kombeve qi e droshin
Sot mbî né ju mbet parija.
Jo, t' bâj bé, s'â kjo Shqypnija
Qi ti rrite me krah tand.

Sá do mue ma rrit trimnín,
Forcom krahin me luftue ;
Me gjak t' êm une Shqypnín
Prei kso kobesh due me e pshtue.
Me ket parzem un anmikun
Do ta pres, deri sá t' fikun
Ta shofë bota kand e kand.

Mahmud Pasha
në Mal të Zí

N' kamb', o Shkodrë, o nan'e drangojve
Lé prei grykës t' martinës, prei çelikut !
Maje bjeshkve, ndër shqype, e n' fund t' shtojve,
Kû buqari shqytár avullon,

    Qit kushtrimin : o Lekë, kundra anmikut
Me nji hov, me nji zemrë permblidhn'ju ;
Pertè Cemin si j nieri t' tanë hidhn'ju :
Shqyptarija, o fatosa, ju fton.

Porsi bisha prei ûjet ja rrîni
N' megje t' ona, qi s'preken, i hueji ;
Mb'ta sokola ! kah bjeshka e kah vrrîni
Hapi kthetrat, o Shqype, mbî ta.

    Çart' e idhnime ndër vedi, deh shueji
Para lterit t' atdheut, o Malcí :
Me gjak t' zêmres, me krye pertrij
Trashigimin qi i pari na la.

E flamorin, qi i shndritshem ushtríve
Se kje jeta ju prîni n' ngadhnjime,
Xiern'je, o Hoten, kulshedra e malcíve,
Xiern'je, hija e t' dekunve e pret.

    Dérsá t' rreket me dhun'e trathtime
Me i vû kâmben i hueji shqyptarit ;
Sá t' kujtojn' se ndër pronjet e t' parit
Nji kind t' vetun perdhuni na shklet :

Kjoftë mallkue kush merr nuse te shpija,
Kush vên berret perpara n' kullosë,
E kush qét i mberthen ndër hollija,
E kush vaden ndër t' mihuna lëshon.

Pushk' e shpatë janë parmênd' e janë kosë ;
Me eshtna t' huejve do t' miellet kjo tokë ;
Me gjak t' huejve tui rrjedhun do vokë
Ngrîja e mordes qi rrethas zotnon.

Çou, o Grudë, e trimnín e perhershme
Njálle sot kundra anmikut, e shtyji
Shtyi djelmoçat, stuhin e permnérshme
Me rroposë ça Shqypnija mallkoj.

Se nji zâ shungulloj kû rri Hyji :
Delni, o t' huejit, prei vêndeve t' ona ;
Tjetrë ligj' e flamuer jo nuk dona :
U betue Shqyptari e ngurroj.

O Kastrat, porsi rêja mizore
Rrebtë n' ushtrina t' anmikut ti ndeshe,
E dermove, rrufé bumbullore,
Gjithshka hase n' at rmueshmin udhtim.

Orët e malit bertasin : oh njeshe
T' rrgjanten shpatë qi kje trama e gjithkújit ;
Rreth e rreth nëpër çetat e t' hújit
Sielle morden, siell gjam' e mjerim.

Se prei thepash t' shkallmuem t' Veleçikut
Synojnë Shkrelsit atdhén, e nji gojet
U betuene gjith mbarë kundra anmikut
Burr' e fëmijë me luftue te jet.

Xhixha xhixha ndër sŷ si shqypojet,
Maje bjeshkve Kelmêndi u rreshtue,
E n' breg t' Cemit me gisht tui shênjue :
"Vorri i t' huejve â ktune" bertet.

Por kush ecë para ushtrive tui lëshue
Flakë prei shpatet, si rrfeja kúr shkrepet
Mbi Bjeshkë t' Nêmuna, vesh' arit t' kullue
Porsi dielli kúr vete n' prendim ?

Suka e male kalon e nuk epet,
Kalon prroje t' perlyem me gjak t' huejve ;
E tui vruemun rrezikun e t' tuejve,
Mb' têne, o Shqype, vrapon fluturim.

N' rrethe t' Pejës e tu shkambi i Kavajes ;
Prei Prishtinet e n' breg t' Adriatikut,
N' fusha t' bâsa e ndër kerzha t' bungajes
Vraçi i tij prei gadhnjimit hinglloj.

Para lterit t' Shqypnís kundra anmikut
Rrahi bén porsi burrat, e ngrîni
Rrfén e luftës qi Francen pertrîni,
E tallaze rreth Bosforit çoj.

Mahmud Pasha !... Qe n' vorr Skanderbegu
Ngrehi kryetin te kisha e shë Nkollit,
Kqyri nipin luftues ndêj'te shtegu,
E lumoj, e ndoq gjûmin e vet.

E Karl Topja rreth bregut t' Devollit
Kërkon rrashten qi i hoq Shtrashimirit,
E për çerpet tu'e rrokë "njatij nierit

Ktû t' paçë lanë për therore un" i flet.

Por pse u zbut ajò fëtyr' e terrtisun
Si grykë détit kúr hullet shtergata ?
E ndër male kaq rryeshem tu'u nisun
Pse sot vraçi mzi gjurmen e ndrron ?

Herë mbî prehen t' fatosit bje shpata
Kpuçem si mbas nji luftet t'pádáme ;
Herë permállshem tui kqyrë, si degáme
Vetë me vedi me ngrehun fillon.

Me kosë n' krah, mbî nji kál si vetima
Kish pá morden se u qaset Shqyptarve,
E lakmueshem ndër gjith ata trima
Zgiedh për védi kê dáte mâ trim.

Pau, e njitas mbas t' nismit t' ushtarve
Shtegon Pasha, e i perkrahet mizores ;
N' flakë t' letines, kû i biri i malcores
Korrë anmikun, ja behë fluturim.

"Nana morde", po i lutet, se t' tuejit
Jena t' gjith qýsh mb' at ditë qi u perftueme ;
N' prak t' gjith dyerve e n' votrë t' gjithkuejit
Hieja e jote mbretnore zotnon.

"Nana morde" nji gjam' e shemptueme
Prei ferishtash kah ti qe po siellet :
Vashë, dje nuse, sot n' futa po pshtiellet,
E pleqnís sot urojma mbaron.

Për ta vetun therore un tý t' kjosha,
Për jetë t' tyne qe t' êmen pelqeje ;

Edhè mujës, i koritun û vosha
Mos m' a kqyrish ket ndérë si po t' ftoj".

     Dau se u zbut ajò tymen gjith neje ;
Kqyri Pashen tui qesh', e llastore
E muer ngryk. Por n' at kosen gjaksore
Ndeshi qafen e n' tokë rrokolloj.

Mustaf Pasha
në Babune

E prâne vallet ndër male unjî,
E ushtima e pushkve ndër lugje mêjti ;
Ndër festa e t' kreme n' fush' e n' malcí
  Burrnimi u dêjti ;

E djerr â toka : krrut ndër livadhe
Shkon kau, e avllin qi del prei arvet
Érton, e nepet për stinë të madhe,
  Për rreth t' kularvet.

Por mb' zgiedhë mberthye kulartë pushojnë
Vjerrun nen trena, e rri n' gardh parmênda ;
E n' mal pá nieri berret firojnë,
  O dridhen mbrênda

Vathit, kúr ûnshem siellet ulkoja,
E rmnon me kthetra dyrt qi barija
Dikúr pertrini ; sot húll e zoja
  Pá burrë te shpija.

Mbas tejet, Shqype, burrat flutruene
Ndër male t' reja, n' nji lugje t' ré :
Gadhnjim o deken tui lyp' u lëshuene
  T' gjith për atdhé.

E luftojnë rrebtas : nen breshen plumbit
Qi karajfilet lëshojn' e bershanat,
Turren, o Shqype, si rrjedha e lumit,
  Trima si zânat.

E pasha, ndêjun mbî thasë t' florijve
Ndër valle jevkash, n' lodrë dudûmash,
Tallet i knaqun prei zânit t' fqijve,
        Si qên mbas trûmash.

O pjell' e keqe ! o dhun', o kóre !
Qe shtojzavallet, pà e dijt', po kcejnë
Me tý e zgerdhíhen, e'j kangë mortore
        Nen zâ shperthejnë.

Óra e Shqyptarit t' lëshoj, e fatosat
Qi n' luftë, pá shkrepun, shkrîne n' marrí,
Gjikim po lypin, e thekshem kosat,
        Shpirtna me mní.

Sjellin n' shpí t' ande. Qe Mehmet Begu,
Eshtna t' shpulpuemun, mbî vorr tu' u çue,
Idhun për s' lergut t' thotë : "ktûne â shtegu
        Me folë me mue.

Ktû t' prita ç' motit : ktû do t' paqohet
Vaji i nji fêmnes qi n' mjerim lëshova,
Pá faj ; shqyptari ktû do t' kujtohet
        Se hupës nuk shkova."

E prej gjith fushash bâjnë valle t' mnérshme
Arët e livadhet qi 'j ditë grabite :
Sot, vonë, mâ t' rrebshem për faje t' hershme
        Gjikimin príte.

Del, mizuer, këndenaj, del ; prei merzijet
Zgaq i perbuzhem, Shqypnija t' volli :
Tý shpina e détit, tý, vênd robnijet,
        T' pret Anadolli.

Málli për atdhé

Ndër njikto vênde për bukurí
Dhén t' êm i shuemi jam tui dishrue ;
N' gjytete t' hueja, porsi n' shkretí,
    Rrij tui gjimue.

 e bukur fusha kúr çilë prêndvéra,
Lulzim ká kopshti kúr lulet dalin ;
E drandofilles ndër fushë tret' éra
    E pertè malin.

Por gjith këto t' mira ngushllim nuk m' apin :
Për atdhé t' êmin zêmra po m' shkrihet ;
Njatjè kúr mêndja lëshon ndo 'j herë vrapin
    Shêndi i pertrîhet.

Ndër lisa t' pýjve, bylbyl, tui këndue,
Për çérdhe tande po bân ankime ;
Mue, i mjerë bylbyli, po m' pergián mue
    Me kto dertime.

Sá herë nen hije t' nji farë çinarit,
Afer nji kronit qí i shkon perbrî,
Për vênd mêndohem, kû ndodha s' parit,
    N' vaj tui u shkrî.

E pves tui kjámun éren e kronin
Për fush' e male kû mêndja m' vret :
Por tui rrjedh uji, si e ká zakonin,
    Gjimon e s'flet.

Prei mâjes t' malit shikjoj lerg fushen

Kah dij se â fisi qi jeten m' fali ;
Por prei trishtimit me lot syt m' mbushen
E s'mund t' i ndali.

O bjeshk' e male, fusha t' bekueme,
Kû vetë herherna për shetí shkoshe ;
O Maranaji, o Buen' e mblëlueme
Me bîmë gjellbroshe,

Kúr kam me u gëzue ? Ndër njato kësolla
Mâ e pagjt' e e kandshme m' u dukte jeta ;
Ndër dhéna t' hueja, kû mbrapa u ndolla,
Veç trishtim gjeta.

Na dha né t' shkretve vetë Perendija
Mállin m' u pamun, me ndêjë n' nji votrë
Grueja me t' shoqin, me prinden fëmija
E vllau me motrë.

Njaj zêmrë nierit nuk ká qi udhtimin
Për mirakande merr me u bëgatue;
Lerg teje, o Shqype, kush lypë gjallimin
Po, do mallkue.

Do vorre t' réja ndodhë qi m' kallxojnë
Ndoshta tui kjámun prei dhimet gjindja ;
Njitû, do t' m' flasin, t' rrijn e pushojnë
Vllaznit e prindja.

O Prind, o vllazen ! te'j vorr me jue
E gjáll e i dekun une do t' rrij ;
Sá do n' giûhë t' ême kan me m' urue :
"Dritë pastë n' lumní".

Giûha shqype

Permbî zâ qi lëshon bylbyli
Gjiûha shqype m' shungullon ;
Permbi érë qi nep zymyli
Pá dá zêmren m' a ngushllon.

Ndër kómbë tjerë, ndër dhéna tjera
Kû e shkoj jeten tesh sá mot,
Veç për tý m' rreh zêmra e mjera,
E prei mállit derdhi lot.

Njikto giuhë qi jam tui ndie
Janë të bukra me temel ;
Por prap këjo, si diell pá hije,
Për mue t' tanave ju del.

Edhè zogu kërkon lisin
Mbî shpí t' artë ku rri me mbret ;
E shtegtari dishron fisin
Permbî vênd qi s'âsht i vet.

O Shqypní e mjerë Shqypnija,
Plot me burra e trima plot
Ti'j dit' ishe ; por lumnija
Qi ké pasun nuk â sot.

Nen njat tokë qi ta shklet kâmba
Zân e t' moçmeve veshtò :
Për bij t' tashem, porsi e ama
E t' koritunve, gjimò.

Nâm e zâ, qi kishe, t' treti,

E veç turpi e mârrja t' mbëloj ;
Për lumní veç kóre t' mbeti
Qysh se fara e mirë mbaroj.

Por gazmò ndër gjith kto t' vshtira
Persè endè s'sharrove kret ;
Diçka t' mbet ndër atò t' mira
Mbas dý mij e mâ shum vjet.

T' ká mbet giuha qi po ndihet
N' fush e n' mal qi ti zotnon ;
Gjith kû hija ê jote shtrihet
Kû shqyptari zân e lëshon.

Prei Tivarit e n' Preveze
Nji â giûha e kómbi nji ;
Kû lëshon dielli njato rreze
Qi veç toka e jote i di.

Kû n' breg t' Cemit rritet trimi
Me zbardhë, Shqype, zânin tând,
E kû i Drinit â burimi
Qi shperdahet kând e kând.

Geg' e toskë, Malcí, jallija
Janë nji kômb, m' u dá s'duron :
Fund e maje nji â Shqypnija,
E nji giûhë t' gjith na bashkon.

Kjoftë mallkue kush qet ngatrrime
Ndër kto vllazen shoq me shoq :
Kush e dán me fjal' e shkrime
Ça natyra vetë perpoq.

Por me giûhë kaq t' moçme e mjera
Si i bij' kjé qi pá prind mbet ;
Për t' huej t'mbâjshin dhénat tjera,
S't' kishte kush për motrë t' vet.

Kúr nji burrë u çue n' Austrí
E me sŷ gjithkund t' kërkoj :
Gustav Meyer-i âsht êmni i tij,
Êmni i burrit qi t' madhnoj.

Porsi dielli tui flakue
Shperdán terrin qi na mbëloj,
Njashtû Meyer-i tui kërkue
Kah ké dalë po ta difton.

T' difton motrat, t' difton fisin,
Nëpër shekuj fluturim
T' çon njatjè ku luftnat krisin,
Kû â kap' Roma e Iliri shqim.

Njikto t' thotë (e ti se dishe)
Janë t' bijt t' tú qi pate mot :
Këta janë burrat qi'j ditë kishe,
Êmnit tând me i dalun zot.

Nen gjytet qi mâ vonë çili
Kómbi i yt luftár mâ pak,
Kû ish mbret at-botë Bardili,
Shum anmiku dérdhi gjak.

E njat tokë qi jé tui gëzue
E ké xanë tesh sá mij'vjet ;
Shqyptarija qi mbet mbëlue
Sot nen dhé, edhè shqyp flet.

Flet me rrasa, flet me sênde
Kû lumnín e vet e shkroj ;
Por kërkush s'i di këto vênde
E harrimi t' tana i mbëloj.

Por gjithnji nen kâmbë po ndihen
Burrat t' tú qi toka i mbëlon,
E nen dhé kocîjt perzihen
Si'j grunisht' kúr éra lëshon.

Don' m' u çue e t' gjith për s' mbarit
Me u prí nipave mb' nji cak :
Don' me t' bâ si ké kenë s' parit,
T' ndérës me kapë t' lumnueshmin prak.

Prêndvéra

Jeni lodhë, dallëndysha t' shkreta,
Jé molis' i ziu bylbyl ;
Ah ! pushoni n' streh' kû u gjeta,
Pushò n' kopshtë te njaj zymyl.

Mbî krahë t' uej prei dhénash tjera
Ju prêndvéren na prûet këtej ;
Shlodhn'ju prá, dallëndyesha t' mjera,
Rri, bylbyl, n' lulzim qi kthej.

Se qe 'j prrue prej malit ulet
E t' tanë fushës ushqim i nep ;
E nen bórë po shperthejn' lulet
Porsi fëmijë qi zblohen n' djep.

Fllad i lét me vapë dashtnijet
Puthi pêmën gêmb për gêmb ;
U zgjue pêma, e qe prej shijet
Buloj mbarë nëpër kopshtë t' êm.

Véra

Â zverdhë fusha, e ndër grunore
Po vëlojnë korrcat porsi zogj ;
Këndojnë katundcat me malcore
Pá u kujtue si dielli i dogj.

Veç n' at arë, porsi nji e tretun,
Zí ndër petka e në ftyrë terr,
Korrë nji cucë pá shoqe, vetun
Me hie t'vet qi mbrapa e merr.

Tjera herë ti vet' e treta
Korrshe, o bij', me motra n' shênd ;
Sivjet vetun tui korrë t' gjeta
Pá nji motrë, pa gazmênd.

"Kjenë nji arë qi muell nji ditë
Perendija, e i dha shëndet ;
U poq para : e ká goditë,
E e ká bájtë te lama e vet."

Vjeshta

'Dhe ju po shkoni,
Bylbyla kshtû !
Po tretni këndynaj,
Dallëndysha, ju !

Deken mêndova
Se m' vjen kúr do ;
Se m' lêni vetun
S'mêndova jo.

Por, mâ fort zêmren
M' a brén nji idhnim :
Çérdhet qi i lêni
Kujdesit t' im.

Ndoshta, kúr t' ktheni
Mue vorri m' mba
E ju kërkoni
Çérdhen qi s'â !

Dimni

Nëpër fush' e nëpër male
Frŷn murlani me stuhí ;
O murlá, njat frŷmen ndale,
Ndal ti, o akull, mos me ngrî.
Mos ma ngrini ket pikë gjak !
— Struku, struku, i shkreti plak.

Po del dimni me kosë ndórë.
Gjeth e bár i ká kositë ;
Qet balkoni pjalm e borë,
E plak-shkreta, tui merdhitë,
I thotë védit me zâ pak :
Struku, struku, i shkreti plak.

Liria

- I -

O shqipe, o zogjt' e maleve, kallzoni:
A shndrit rreze lirie n'ato maja;
mbi bjesh' t'thepisuna e n'ograja,
ku del gurra e gjëmon përmallshëm kroni?

A keni ndie ndikund, kah fluturoni
ndër shkrepa, me ushtue kangën e saj?
A keni ndie nji kangë të patravajë?
O shqipe, o zogjt' e maleve, kallzoni!

"Lirim, lirim!" -- bërtet gjithkah malsia.
A ka lirim ky dhé që na shkel kamba,
a veç t'mjerin e mblon anemban' robnia?
Flutro shqipe, flutro kah çelet lama,
sielliu maleve përreth që ka Shqipnia,
e vështroje ku i del lirimit ama.

- II -

Nëpër Fusha ku rrjedh Misisipija
Ushtoj rrokull nji za si bubullima;
Krisi ndër male si gërset ushtima
kur qiell e tokë turbullon duhija.

Çon'ju shërbtorët e tokës, leni te shpija
Shjetnit e vangat; e për gjysë, o trima,
Leni parmendat; rrokni pushkët; vettima
Ju duk për së lergu, e qe po vjen lirija;

Washingtoni na thrret. E djelmve pika
Rrani tui hapun zjarm; hija e morrizit
Mujti kështjellat atnorë, mujti katedrën.

E fushë e mal ushtoi: vojt Amerika
Mbas asi zani qi e pat thirrë, e Inglizit
Ja boi luani i Amerikës kulshedrën.

- III -

U t'huej Inglizi: s'ka me dalë ushtori
Me i grahë bulkut si kaut me sjeçe të bregut;
S'ka m'u fikun ndër të mjelluna puntori
Kur merr era për mëner o vapa e zhegut.

U kputne hekrat, e lirim malcori,
Lirim deti kumbon e ja siellë bregut;
Lirim përgjegjin qysh kah Labradori
E Virgjin'ja e New Jorku syni i tregut.

Të lumtë, o Washington! u zhvillat qielli,
E njom toka për mall me brohorië
E mbi flamuj të zotnuem ndejt luani.

Pushoi te drita qi shpërdan si dielli
Lirimi, tuj britun në Filadelfie:
"Amerikën e zhgon Amerikani".

- IV -

Ty të kjosha falë, o dritë, ama e mbrodhsimit,
Ti dave terrin e egërsis', e tinë,
E lakmuemja e gjith dhenavet latine,
Amerikën e pshtove prej robnimit.

Porsi vegim u mbuze, e prei nalcimit
E puthe tokën me ato rreze, e shkrine
Akllin e vjetër qi kish mbet', e fshine
Vaj e padije e anëmiq të lirimit.

E ndjeu toka njat shend e u gëzue si fëmija
Qi i qeshet lokes kur ja reshë krahnorit;
E shpirt e zemër nëpër buz' i shpraze.

Me nji të njyeme ma të bukur, pa tallaze
Shndriti deti njat herë; prei katundorit
Ndër fush' e male mungulloi Lirija.

- V -

Lirinë e keni ju; na hekra kemi.
Na terr e mjegull deri në ditt ma të vona;
Na pa emën kërkund, pa atdhe; na jemi
Shërbtorët e t'huajvet nëpër vende tona.

Porsi berre qi bleu mishtari vemi
Mbas shkopit, të kalamenduna, ku s'dona.
Ahte t'ankueshme nëpër buzë polemi,
Vaj e mjerime qet kjo tokë e jona.

E kot duhija e trimnis malcore
Ndër fusha të molisuna plandosi
Si kokërr rr'feje prej nji reje lëshue.

Çuditë prej peshes së nji pushtedës mizore,
Kot Dukagjini e Skandërbeg fatosi
Shpupurishin ndër vorre eshtna të harrue."

- VI -

Por nuk u shuejt edhe, jo, shqiptaria:
Lodhun prej hekrash që mizori e njiti,
lodhun prej terri ku robnimi e qiti,
shpreson me e zgjue fluturim mënia.

E kqyre: Ndër male po përhapet shkëndija
e lirimit t'Atdheut; fshehtas shëtiti
kasoll' për kasoll' rreth buneve e soditi
frymë të re tue zbrazun për gjithkah, hija

E Skanderbegut. Që ndër djepa rritin
nanat e Hotit djelmënin' ushtore
e idhnim n'armikun nëpër gji iu qitin.

E nalt, ndër maja, bukuri mbretnore.
Hapi flatrat e mnershme qi përshndrisin,
Me thoj t'harkuem Shqypeja arbnore.

Shqypes arbnore

Nalt përmbi re, mbi qeta
Shndritsa për bor' amshore,
Porsi 'j vetimë, si zhgjeta,
Me flatra fishkullore
Sielle ndër thepa e shita,
Shqype, t'aguemit drita.

T' kaltërt e qiellës mbi krye,
Hyjzit ke shokë, që shndrisin
Si gur t' paçmuem, e ty
Petkun t' nusisë t' qëndisin.
O e bardha natë, ku dijen
Shprazi nji Zot, e shijen.

Qeti mbretnia yte,
Shqype, pengim liria;
E npër hapsina t' tyte
E hyjve harmonia
T'argton e t' dalmen hana
Ndihet përmallshëm zana.

Por ndër fushore t'veja
N'vrrije kur rrinë zogjt' t'tu,
Me bumullima rrfeja
Shkrepet përmnerë tu' ushtue
E tine n'ato maje
Nuk ndien ushtim' as vaje.

Oh, zbrit ndër ne, mbretnore
Shqype, edhe 'j herë, si zbrite
Kur përmbi ball' madhnore,

T'madhit Kastriot i shndrite,
E u trand gjith' bota unji.
Prej vringllit t'shpatës s'tij.

Krrut nën mizuer t'Stambollit
Gjimojnë zogjt t'tu n'veriga;
Nji zgaq prej Anadollit
N'ahte i plandosi e n't'liga;
Hovit ushtrive t'tija
S'i duel ma n'ball' Shqypnia.

Shërbtorë n'vend tonë na jemi
T'huejit me vllazën tonë;
Emën as atme s'kemi,
As namin e gjithmonë,
Sot vashat e Shqyptarit
I çohen fli barbarit.

Jo, kështu n'at Krue mënia
E t'Parve tonë nuk ngeli,
Kur t'Gjergjit t' Madh duhia
Furi osmane shkeli
E rrkajë gjymtyrë e krena
Bijshin t'përgjakunt shena.

Luftuen për atme trima
Atëherë, qiellorët, luftuene;
Shpata e Shqypnis' e ushtima
N't'ikun anmiqt' i vune:
E suk' e fush' gjimoshin
Nën kual që shkëndija lëshoshin.

Oh! zbrit ndër ne, mbretnore
Shqype, edhe j'herë si zbrite

Kur përmbi ball' madhnore
T'madhit Kastriot i shndrite;
T'binden barbarët e ri
Për djelm që ke, Shqypni.

Vjollcës

Manushaqe,
Që po knaqe
Mshehë ndër ferra
Ku s'shef kend;

Ti nuk dite,
Moj orëngrite,
Me e mshehë vedin
Përnjimend;

T'tradhton era
Që prendvera
Botës ia hapi
Anekand;

Tash shtegtare
Njeti bare.
Bore, e mjera,
Shendin tand.

Andërr

Pezull prej qiellit fluturote e shkreta
E si dielli n'mjesditë rreze shpërdake;
Engjëll ndër cucat o nji çikë giake
Që veç qielli numron ndër valle t'veta.

Arit i kishte flokët, e kish si zhgjeta
Dritën e syve e mollzat rrumbullake,
E buzët e vocrra me të njyeme gjake,
Që kur i pash' krejt i mahnitun mbeta.

Mandej si nieri, që prej gjumit ngrihet,
Mora zemër e e pveta me trimni:
"Engjëll a vajzë je tine, o bukuria?"

Qeshi goca nji herë, si vashë që pihet,
Uli kryetin teposhtë e me dashtni
"Motër e Nanë, tha, m'ke – jam Shqyptaria."

Ëndërro, dashuno

Ëndërro. Njeri, sot ma Shumë se kurrë
Vepro. E Len prova t 'prekshme

Fol. E t'nihet zani deri n' skaje
Jeto. Atë jetë tanen, Jo tjerëve

Ngihu. Me gjanat Si t'mushin zemrën
Pi. Bukurin e deteve e oqeaneve

Mëso. E burimi dijes mos t'dij me shterur
Puno. Kopshtin e mendjes gjithmonë

Lexo. Poemat e shpirtit tanë
Kupto. Vuajtjen njerëzore t' pakufi

Ndimo. At t' paudhin t' kthehet
Ndriço. Fike terrin

Urreji. Vetëm padrejtësitë
Duej. Duej e vetëm duej

Dashuno. Po mos jep arsye…

Dashunija ndaj prindërve

Me sy çilun afër djepit,
Me kujdes e me dashtni,
Për vaj tem tue hjekun zi,
Tue shëndue kur m'shifshi n'shend.

Babë e nanë sa keni derdhë
Mbi shteg tem e hirë e dritë;
Ah, sa mirë m'keni gatitë
Për çdo kohë e për çdo vend.

Ju ma ndez't nji flakë në zemër
Per pune t'nalta e per lumni
Per ju pra, o prind't e mi,
Mend e zemra më lakmon.

Dy e nji

Dy veshë na kemi e veç nji gojë të vetme,
Se shumë sende me ndi i duhet t'urtit,
Por fjal't me i k'putë për s'shkurtit.

Dy sy prap kemi e veç nji gojë të vetme,
Se shumë sende me k'qyrun asht nevoja,
E pak me folun goja.

Djali pa nanë si nata pa hanë

Pra 'i djalë i vorfen kuej nuk i dhimet,
Kur, si mue t'shkretin, t'a mlojn mjerimet?
Tepër shpejt bora, tuj ra n' vorfunim,
Njatë qi per mue ish' diell n' agim.

Emnin e kandshem m'i a ndie kot prita
Njasajë qi n' kobe do t' m' ishte drita:
Kuej nuk i dhimem, askush s' m' kujton,
Sado qi zemra vec gjak m' pikon.

Kur, un i mjeri, rrijshe tu shpija,
Me nanë, me moter, ah! sa dashtnija
Vlote n' ket zemer, qi sot s'ka gzim,
Vetem pse nana m' la n' ket vorfnim.

Ç' at ditë qi e bora, mue s' m' knaqë natyra,
Nder gzime t' shekllit nuk m' qeshet ftyra;
Kurr s' m' hiqet mendjet kur nana m' tha:
T' laca me Zotin! – e diq e m' la.

Ah! se fort m' dote, se fort m' pat gzue,
Sa gjallë, e mjera, rrite me mue!
Por qe, se une nanen sot ma s' e kam;
Un nafakpremi, c' se i vorfen jam!

Kur, n' agim t' ditve, m'ra me shtegtue,
Si dola shpijet, tuj u largue,
E kqyra s'mramit e aq m' permalloi,
Sa dysh mue zemren, dysh m'a coptoi.

E kush kalote at ditë bri meje,

At ditë qi dhima m' kish xjerrë mendt kreje,
Thote perajshem: Paska metë shkret!
Zot, njitja doren, majen ti ngiet!

Ç' at ditë, si zogu, larg fluturova,
E n' dhe t' panjoftun treta, u largova;
S' desht kush me m'kqyrun, s' diejta kue' i flas,
Nji dorë ndimtare c' at herë s' m' u qas.

E kur vetmija mue m' lodhte naten,
Un n' gjuj u ulshem, thojshem uraten;
Kujtojshem nanen para Tenzot,
E syt m' u mushshin gjithherë me lot.

Ah! po, kujtimet e asajë dite
Uratë e kandshme ti m' i persrite:
O nanë e dashtun, a thue t' thrras kot,
Ç' se fusha e mali me za t' em lot?

Ah! po, se dhima zemret nuk m' shkepet,
Ç' se gjithkund nanen me e lypun m' nepet;
Do t' m' mysë mjerimi, s'kam si gjallnoj,
Pse deka e nanës zemren m' a imtoj.

Por, ndale vajin, jeto pa droje,
Mendo se drita prap do t' agoje,
Kur nder Qiell t' epra Zoti tash t' thrret:
Rrethue me lule, nana aty t' pret.

Guxo

Lundërtari qe s'rrezikohet
Kur asht' deti shkum' e valë
Vetë me vedi mos t'ankohet
Se i shkoi dita pa fitim

Tuj u tall' e tuj pritue
Kurrgjasend nuk qitet n'dritë
Çfarëdo sendi me fitue
Trimni lypet e guxim.

I mbetuni

Edhè shtâza po gazmohet,
Edhè bari mungullon ;
N' shênd natyra gjith po çohet,
Veç ti, i mjeri, po gjimon.

Kâng' e valle tui bashkue
Shênd prei gojet gjithkush qet ;
Veç i vorfni tui dertue
Porsi i huej â n' gjiní t' vet.

Tui ankue për t' zeza t' veta
Për gjith derë tui lyp' kerset ;
Për 'tê t' dhimtun kërkund s'gjeta:
Porsi i huej â n' katund t' vet.

Lodh' e ûnshem, kúr vjen nata,
N' prêhen t' nanës me shkue kujton ;
Edhè nana i diq e ngrata,
E kush t' vorfnin s'e ngushllon.

Bab', oh ! babë ! sa herë ndo 'j trimit
Do me i thanë tui derdhun lot ;
Po për têne â fjalë trishtimit,
Â nji fjalë qi permêndë kot.

Për dhé t' vet tui dalë n' ushtrí
Rrebtë qindroj i jati e diq ;
Sot i vorfni askund nji shpí,
Nji copë buk s'e gjên ndër miq.

Ah ! ti njome, o njome e mjera,

Dit' e natë qi po vajton ;
Kund ndër miq nuk t' çilet dera,
Kërkush vajin s'ta pajton.

Dit' e natë pá buk e shpí
Shkote i vorfni andej e këndej,
E prei t' pasunish zotní
Nji fjalë t'mirë kërkush s'ja kthej.

Kû ké baben me t' ndimue ?
Kû ké nanen me derdhë lot ?
Tý gjith robi t' ká harrue,
Kërkush s'do me t' dalun zot.

Tui rá bórë, tui frye murlani,
Mjet dý vorreve si 'j lis,
Afer gropës qi vet' e bâni,
Djali i vorfen u molis.

Afer nanes u shtrue me fjetun,
Afer babës kërkoj pushim ;
Kurrgjâ t' ngritin s'ká me e gjetun,
T' xét e t' ftoftë skan me pasë ndrrim.

Me njatà qi veç e dojshin
Trupi i t' vocerrit pushoj ;
E n' lumní qi atà po gëzoshin
Shpírti i njomes fluturoj.

LISSUS

I.

Nëpër kodra të stolisuna me vneshta
Ku vilet àrit xhixhilloshin në dielli,
E, rrotull fushen tui kaditun, prilli
Edhé lulzote kur kish himun vjeshta;

Ndër ullishta gjelbrore qi ka Kreshta
E terthore të Mërqijës vishin nji filli,
Ku Velja e rrëmbyeshme qi perket te qielli
Ambël me hyjzit mban kuvende te shpeshta.

Darsmore të Bahtit, t'Afërditës shkoshin,
Veshun me gunza e krahët e bardhë të shpervjelun,
Vashat e Ilirve me koshere në krye.

E ngrehshin valle dora-dora, e këndoshin
Kreshnikët e Ilirvet e anmiqt e ngelun:
Gadhnjyes Bardhylin e Perdikën thye,

II.

E përgjegjshin të mahnituna ndër mâje
E nepër lugje të grumbullueme në hije
Të blijve të lulzuem, të lulishteve paskaje
Zanat e malit me nji kângë plot shije.

Me j'kângë qi fllade t'ambetuem ndër plâje
Bishin të gjytetse, o ku mâ nalt në shkambije,
Sogjetarë të patundshëm si murrâje,
Ruejshin Ilirsit për atdhe bâ flije.

E lundratari, kur për dét kalote

N'at dritë t'mallnjyshme qi shperdànte nata
Ngrihej e rrêmija përmbi bark' e lëshote.

Ndalte e mahnitun at rrjedhë të prehtë si shpata
Vala e Drinit të madhnuem e "t'a gëzoj" thote
"Ma së mbramit djalin qi ngiat deket pata".

III.

Të falem, o Lesh, i lum për së Madhnija
Shpërdau rreth teje miradina e hire,
E përdoroj me cen' e kujdes dija
E së mjeshtrave lulzuen në ket tok' Ilire.

Me rruga të drejta hijeshue, me shpija
Të nëlta si sukat qi të shikjojnë me smirë;
Me nërtesa t'ushtrimeve ku fëmija
Vujshin, fatosat e nji kohës më të vshtirë.

E kqyrshe sqelen qi Sirakuzani
Ndërtoi, e në dritë të venituna ti njifshe
Fytyren fënde me stoli të nji mbreti.

E lundra të hueja mbushë me rob qi bëni
Fitues Ilirsi, e, porsi fjetun, shifshe
Andrra fatosash, tui të perkundun deti.

IV.

I lum për kështjellin qi mbi kodra ngrehej,
I palodhshem vigë perkundra armikut;
Ku hovi i të huejvet porsi qelqe thehej,

O si shkulmat e Drinit në frymë të denikut.

Ku shqypja ilire nepër ajr dëfrehej
Në gjiri të madhnueshem, e mje në breg të Baltikut
Gadhnjime të reja tui hartuemun, shgrehej
Prato vënde të pënjoftuna jetikut.

E fushët e sukat e ndërtesat të tuja,
Porsi grigjen barija i zgjuet, veshtote
Tui të pruemun das' e ndërlikime të hueja.

Por oh! ma fort se kshtjellit hija të zhgote,
E prej hovit e resave të ndokuja
Me parzëm të hekurtë djelmenija të mprote.

V.

Deh! ç'u perhap rreth maleve kushtrimi,
Qi ndër lugje ma të mbshehuna persritte
Hova-hova tu' e shtue lehona, e thirrte
Kombin e Ilirve në fushatë nderimi.

Grishte prej rjesh ku flllon agimi,
Ku vala e Drinit nepër lugje rrshitte,
Ku në borë t'amshueme bukuri pershndritte
Tui u zhdukun nën dët qetas, prëndimi.

E i thirrshin nanat djelmnis kreshnike,
E, dalë tui i prapun, krushqeve ju thoshin:
"Djelmt e Ilit", në kushtrim së bashkut shpejtoni:

Ecni me heshta, ecni me armë jetike,
Hova' ju kualve me at mëni qi të paret ju mësoshin

Për lulzimin e atdheut ju fton Agroni".

VI.

E u lëshuen si j' nieri të tanë. Si shprazen shinat
Rrmbyeshëm prej mëjesh nepër gryka e zbrisin
Bubulluesa teposhtë, e tui mbëlue dhënat,
Kësolla e ndërtesa shpartallojnë e krisin:

O si lëshohen langojt kërnbë-shpejtë, ndër brënat
E nëlt së qiella të bregut të Tunës, e vrisnin
Për mbas drenave të frigueshem kur, krënat
Ngatrrue ndër drriza tui dihatun jisin;

Ashtu kombet e Ilirve turra-turra
Ulen prej malesh fluturim pë e rrekë,
E presin rregjin grumullue ndër curra,

E kur fatosi në patershanë tui prekë,
"Ç' detyrë" - tha - "kemi për atdhën, o burral
Nji t'llirvet kje të gjegjunit: "Me dekë".

VII.

Jo kurr aq rrmbyeshëm nepër fusha rrodhi
Prej borës të maleve e fryeme e prei stuhijet,
Rrotull tui ngrehun varg gjith farë baktijet,
E gjind e trëna qi ndër shpija mbëlodhi

Rrjedha shkumbues' e Drinit, Agrsi u hodhi,
Patërshanen nen dor' e zjerm prej mënijet,
Ushtrija e jonë mbas leprave Greqijet

Tui rroposun gjithshka perpara i ndodhi.

E flakë shkumuesa nepër shpija shkoshin,
E nepër dritë të tyne xhixhillim si shkëndija,
Patërshana të pergjakuna vetoshin.

E vaj e ankime për gjith anë granija,
Kur ahte e burrash e ulurima ushtoshin,
Nën thundrë të kualve tui i shtypë Shqypnija

VIII.

Ktheni ndër shpija, o djelm, sokola ktheni,
Me at dritë të shkelqyeshme qi ju suell trimnija;
Krahas me ju vjen n'ëmi e vjen lumnija
Qi perhapun gjith shekullit ja keni,

Me barkë t'ushtrueme për mbas prënash, eni
Me rrgjant ngarkuemun e mermerë e mija
Armësh e permëndesh qi ndërtoj Greqija,
E keqas gëzuejti deri sot Helleni.

Me brohori ju pret për faqe të zbardhme
Ndër sqele Iliri flamorët qi ndoqne
Zëmra të terhuzta nepër lamë nderimi.

E, timiam' e shëjte, i flijve timi
Perciell fatosat qi prei jetës u shkoqne
Tui i dhanë shpirtin atdheut e kohës përtardhme.

IX.

Këtu Amëzone ilire e bind natyret,
Fis i Hyjvet të Dodonës, Teuta mbretnote,
Kur Pinës ferishte, për hiti detyret,
Jeten mbretnore e rregjinin e shtote,

E të nji mëndes kreshnike të gjitha zyret
Adrijatikut me kujdes ja trote,
E pë leje t'llirve, o 'j shëj pagtyret
Dëtin shqyptër i hueji s'e kalote.

E kur, ndërkrye për ushtrija e mndore
E mbretnina të grabituna me dhune,
Ju turr Roma me e trembë me fjalë madhshtore,

Rrebtas e gjegji: "Jo mos prit shka lype".
E atëherna së parit kaperthyeshem xune
Luftime e gjaqe Shqyptarët me shqype.

X.

Por se fatmadhe, o Lesh, nji ditë do të mbërrite
E rnë të lumin ndër shokë bota do të thote,
Kur në nji kishë t'ande tempull të rij të përtrite
Për lirimin e atdheut Shqypja kob-plote.

Si tallaze të peshtymuna do të vite
Prej fushës e malesh Shqyptarija e, mote,
Të reja tui lypun për atdhe, të pershite
Giujas Permendsen qi mjet tejet vrote.

Atjë nanat shqyptare 'j ditë do të shkoshin

Me fëmijë për doret, e n'at zij qi paten,
Për atdhën e vorfnuem do t'u betoshin.

Se ti do të shifshe, o Lesh, kur të delte shtegut
Të nji gjallimit kreshnik, e t'ulte shpaten,
E ti vorrin do të mbëjshe të Skanderbegut.

XI.

Porsi 'j luë luftnave, kreshniku
U pshtet, molisun për atdhen, e shgjeshi
Shpaten e mnërshme qi pat frikë anmiku,
E nam t'amshueshem Shqyptaris i reshi.

E prej syve n'at ças mbshehtas i piku
Nji lot ndër faqe, e, stoli qi s'zhdeshi,
Mbi kryq të përmbajtun, ndër të dy duert besniku
Shqypen e ballit të mbramen her' e ndeshi.

Nuk e rrethuen fatosin n'ato të vshtira
Paranikët e Shqypnis as djelmt e fisit
Qi lumni ju perftoj e dit më të lira.

Vetëm, si hije qi npër an' u ndrroshin,
Dalun prei fronesh të madhes fushë t'Elisit,
Fatosat e gjith kohnave lotoshin.

XII.

E nëlt prej qiellet fluturim qe zbritne
Tuba-tuba qiellorët, e ndër duer kishin
Kryq e kunorë qi të dekunit i bishin,

E, si lterit të shugruem, pruijshëm ju avitne.

Pezull tu 'e bëjtun në shejtet duert e pritne,
E në hapsina të pëmatuna, kah ishin,
Fluturuene me tëne e, ku vetë rrishin,
Së bashkut tui kënduemun me nderim e njitne.

"Qe dishmuesin, o Zot", - këndoshin - "qi jeten
Për shejten fë, për Shqyptarin e shkrini
E pë tundshme perherë shtyll' e mburoje.

Aj diq, o Zot, për mbas detyrës, por të shkreten
Atme ti rueja, qi dikur pertrini,
Ti në qiell ndër mprojsa të Shqyptaris rreshtoje".

Scodra

I.

O Tarabosh, i mnert, ndéja hyjnore,
Ku, e rrebt, rrufenat Fromboja farkote,
E e perzemruem', gjyteteve mizore
Pshtjell' me shtergata e bumbullim' i lshote.

Andej mbi breshtat e mbi land't pjellore,
Qi rreze diellit për dëshir s' pershkote,
Ti soditshe gjarpnues nëpër fushore
Kulmin e Drinit me qeti kah shkote.

E kuvendshe me té madhnin' e Ilirit,
Ku t' lir si shqypet nëpër bjeshk, banoshin
Nipat e hyjvet Ilirjak' e t' robit.

E n' at zemer u knaqshe pa fé kobit.
E u knaqshin hyjzit qi tinzisht veshtoshin
Npër heshtime t' pamatuna t' ethirit.

II.

O dishmitar i shekujve t' panjehun,
Qi pershkove me sy gjind e ndodhina
Si dhent blegtori kur, avit' te trina,
Vezhgon vathin e vet e rri tu' i njehun:

Difto si motit, prej hyjnis i ngrehun,
Për kto vênde lakmues e kto krahina,
Rrani ndër treve hijeshue n' çetina
E badra t' verdha me ata gjetht e prehun,

Si nji popull me shpatë i armatisun,

Ili fatbardh', Ili qi blegtoresha
Galateja perfitoi e Polifemi;

E kjene shkuesa prej Olimpit nisun
Bind fuqimadhi e Senton hyjnesha
E dasmor i gjith zotave polemi.

III.

Difto si grigjen nëpër shpat kur lshote
Me lkur' harushet vesh' e njesh' barija,
Gjith rrotull Krajës e ka merr Rumija
Kumbim trokash mbi troje tingullote;

E dhênt blegroshin nëpër dushk; gjiplote
Gjellet ndër megje siellishin me mija
E t' permállshme kundruell pallshin, e n' shpija
E ndër peqina 'j tjetrë gridh' ushtote.

Maje currave tu' u pshtet' me fyll shtogut
E buz' kronit barit zgaçen nen hije
Kndoshin, e ndalej fluturimi i zogut.

E i perkdhelun prej kang'sh, shpell' e shkambije,
Lête gjarpni i helmuem, e mjedis t' logut,
Ngrehun kryetin perpjet, vrote me shije.

IV.

E ti smiren difto qi t' perzêmruemit
Hyji e Elades germoi, e jasht' zakonit
Dergj e rrenime grumulluen e t' shuemit

86

E nipave caktuene t' Posejdonit,

Se kah fundi i peqinave t' Mallkuemit
Shperthei kulsheder nëpër gryk' t' nji stonit;
E si kokerr rrufejet, prej t' aguemit
Frombos vetueses ju perqasi fronit.

T' krokodilit mbas giaset, i flakote
Me nji t' njyme gjelbrore e t' verdh' gjith shtati
E flak' e kuqe nëpër sy i vetote.

Krah i zjarrit' bri stjetullavet i delte,
E surfull turfullote e flak' lugati
Qi prej fushës për gjys' malin e shkelte.

V.

E nji njegull ndër male, e 'j er' qelbsinet
E i vap' e mnershme për gjith' vend shperndahej,
Ku ndër lugje ma t' rita e n' pod rudinet
Me t' perjetshmen sherbel' gjineshtra thahej.

Mjedis t' megjeve i shtangun, prej nalcinet
Plandoset qjelli rrokollim, e rraheji
E ndërkryeme për tok' delja bri trinet,
E regji i shpevet prej trishtimit kjahet.

E gjimoshin t' zharituna blinishtat,
E kjaheshin rreth krojet, e t' trishtueme
Ulkoja e trumat uluroshin naten.

I molisun flakrote ushtari shpaten,
E dnesshin nuset për kunor' t' vorfnueme,

E vjerr' gjinit amtuer, disshin ferishtat.

VI.

Por qe prej shpellet, ku n' qeti banote,
U çfaq tat' gjyshi Polifem, e drodhi
Rrotllen e rynit qi mbi báll i ndodhi
Vetem, shkellxore porsi hana plote.

E i farmakuem prej mnijet turfullote
Si harusha për zogj, e nji shit zgjodhi
Nen máje t' madhit Tarabosh, e e hodhi
Kundra bindit, damtuer qi kobe lshote.

Fishklloi ajri për rreth, e bumbulluene
Rrethas permnershem malet, e, si zdapa,
Shkulmat e Drinit pezulli u çuene.

E larg ushtoshin lugjet e Peshtrikut,
E porsi t' shtyeme prej fortun's,permbrapa
Rrokolloheshin val't e Adriatikut.

VII.

Uluronte prej dhimet e perplasun
Ndër balta t' Buenës, ku fillon koliku,
E terbuemja kulsheder, tue ju qasun,
Stonit t' perparshem qi kish xan' kreshniku.

Por i veshej prej majavet i rrasun
Nji breshen qetash, si nji rê çeliku
Qi lumbardhat flakrojn' n' ma t' idhtin t' hasun

Qi ka me anmikun e terbuem anmiku.

E mizoren perfundi 'j mal sa qiella
E nêlt e shtrydhi për gjith an'sh, e ngeli
Aq e madhe për bind u çue gomilla.

E zbriti s' neltit, buzen n' gaz, e shkeli
Polifemi mb'at suke, e n' zane t' kthiella,
"T' Ilirijes, kumboi, "a ktu temeli."

VIII.

Kumboi njitas ndër malet Ilirike
E ndër fushore t' b' gatuna n' grunaje
Zâni i kasnec' e e 'j brohori jetike,
Qi jehona perdridhte mâje n' mâje

E thirrte Kodri: - O djelmëni kreshnike
Me dhên gur e permend' leni n' bungaje
Spatat e ngulme, léni tok' t' fisnike
E léni berret qi kullosin n' zaje;

E hiqni thekshem kah i t' parve a shkámbi,
Ku n' vetina perher' Fromboja dëfrehej,
Se nji t' rejes seli po i shtrohet lâmi.-

E permbi suken mrekullore u njiti,
E t'gjytetit mbretnuer rrethin, ku t' ngrehej,
Me gjak t' kulshedrés tu' e vizat'. Shetiti

IX.

Prej krahinet kú i mûjshem Labeati
Banon me shqype, e ku perté, e Parthinit
Kullot grigja e mrizon Autarijati
Berret e láme nëpër ujna t' Drinit;

Porsi çuna t' nji shpis qi fton i jati,
Avulluesa sinjoreve t' Shkodrinit
Ju veshne Ilirsit me hiti, ku fati
I atmes ma t' lergun ja perkrahte fqinit.

E kndoshin çetat tui u zbrit' , e ushtoshin
Fush' e lugje t' gjelbrueme e shéna e prroje,
N' brohorijet t' ushtris kur n' pun' u lshoshin.

E 'i popull i pafar' rreth suket vlote,
Porsi shemet e bletve nëpër zgjoje,
Tuj ngreh' shka naten hyj mizuer do t' rrxote.

X.

Ngri prej mneret t' çudimeve s' vetove,
E permbledhun rreth malesh Ilirija:
E t' Shuguruemit e Bindit, n' uzdaj plote,
Shqyrtoshin shortet si ju nepte dija.

E pvetshin t' shpardhit, qi për an' mbretnote,
Gjethin kuvénd's me dshir e nëpër vija
Zanet e rrgjanta qi Sentona lshote
E val't qi luente e Posejdonit hija.

Por i trúmun Dodonasit nuk flitte

Shpardhi n' bungajet, e nuk bzâte rrjedha
Me tingllime t' argjanta për kah rrshitte.

Ankim prej qiellet t' Ilirjakve s' ndihej,
As e flladit ndivnues s' ankohej dredha:
Por paq i kandshëm prej Hyjnijet shifej.

XI.

I madhnueshem shkelzete bregut t' Drinit,
Prej mermerit katruer t' dhenun, prej arit
Xhixhlloj's nen rreze qi pershkrepshin s' parit,
Tempull i ngrehun hyjnave t' Elinit.

E mbarshtrojsit e Zeusit n' petka linit,
Stolisun kryetin me kunora larit,
Ndezne kémcat rreth lternavet për s' mbarit,
Tuj ftue t' idhnuemit hyjenor't e fqinit.

Kersitte kêmi mbrenda kup's s' prarueme:
E shkul tu' u çuemun, nëpër qiell t' faltores
Tymi i erkândshem fjolla fjolla hypë.

Gjimoi moti ne e rrmakt, e zâne t' mbulueme
Shungulluene prej s' neltit t' nji dritores:
-Aferdita për fli Rozafen lypë-.

Prei Giuhësh të Hueja

Vaji i dallëndyshës
(T. Grossi)

Moj dallendyshë shtegtore e rmyeshme,
Qi po pshtete n'at balkue,
Për gjith nadje'j kangë rmallënjyeshn
Aq permallshem tui këndue;
Ç'do me m'thanë m'at giuhë vajtore,
Moj dallëndysheza shtegtore?

Lerg gjithkujit e n vënië
Lanë prei fatit t'and qi t'treti,
A thue kjake për vetmië,
A t'çoj mall me vaj u i shkreti ?
Kjaj o kjaj mb'at giuhë vajtore,
Moj dallënysheza shtegtore.

Por prep ndryshe a puna e jote :
Sa do pak flutron me krahë,
Fush'e male kah kalote
I kërkon tui dnesë gjithkahë;
Për gjith ditë mb'at giuhë vajtore,
Atë thrret, dallëndyshë shtegtore.

Ah! Kish t'mundem… por shterngimi
I ktij burgut s'm'ren me shfrye.
As frymë ëret as lulzimi
S'mbërrin i diellit tui shkelxye;
Me zi ankimet qi baj prore
Ti m'i ndien, dallëndyshë shtegtore

Qe shtatori tesh ma mbërrini
E pa m'lanun nuk po ndale ;

Kë me shkue ka lulzon vërrini
Me ndjerz tjer'e tjera male
Kë m'u falë mb'at giuhë vajtore
Moj dallëndysheza shtegtore.

Une atëherna për gjith nade,
T'çilmen lotve syt e mië,
Tu u sjellë bora kollovrade,
Tesh kujtoj se endë po ndij
At zan t'and qi pet mue prore
M'vjen se ankon, dallëndyshë shtegtore.

Ndoshta'j kryq kur t'vin prandvera,
Kë me gjetun mbi ket truell :
Permbi të, dallëndyshë e mjera,
Ndalu'j herë se fati t'suell;
M'lut pushim mb'at giuhë vajtore
Moj dallëndysheza shtegtore.

Vllavrasi
(Capparozzo)

Nëpër terr qi lëshote nata,
Ngarkue teshat kaliboç,
Për nji pyllë ku s'ra kurr spata,
Ndiqte rrugen nji djaloç.

Landët e pyllës si'j ujk ju dukshin,
Qi prei ujet n'mal ulron,
Cuba t' rrebtë, qi n'prit' u strukshin,
Gjethët e lisave kujton.

O Shqypni! Gjimote i shkreti
Male, mbushë me gjuetarë plot,
Kësoll' e bardhë, ku por si mbreti
Shkon barija dit' e mot.

O ju lugje të Prevezës!
Këtu mue zemra po m'vajton,
Te ju hana me dritë t' rrezes
Shtigj't udhtarit ja kallxon.

Fis i dashtun, ku n'dritë dola
Afer detit t'papshtjellim;
Shpi e bardhë ku s' parit fola
N'prehen t'nanës tui gjetë pshtim.

Njashtu thot' e me trimni
U nis udhës shtegtari prap:
Fishklloj landa tu' u perzi
E prei frigës ngau djali vrap.

Por nji cub mbas gardhit hasi;
Ndalu, i thotë, nuk ke ka mban
Nji kobure n'bri ja rrasi
E mbi tokë permbyz e la.

Ah! Nanë shkreta ! — I shuemi briti,
E permbyz u lëshue mbi 'j curr;
Për tre muej e shkreta m' priti,
E tekëndej nuk m' shef ma kurr.

"Po jot' amë", si për qesti,
Ja ban gjaksi me idhnim plot; —
"Ti m' difto ku rri me shpi,
Fjala jote nuk hupë dot".

N'skaj t'Shqypnis shkon vorfnisht jeten,
E pa djelm e mjera mbet;
Dy ma t' mëdhajt ndër luftna i mbetën,
E këtu i treti qé po jèt.

Pat nji tjeter … Fija e zanit
Ju kput djalit e gjimoj;
U dridh gjaksi, e aj farë luanit
Pushken n' tokë me 'j herë e lëshoj.

"Pat njitjeter, qi ajo e dote
Permbi dritë të syve t' vet;
Kurr prei prehnit nuk e lëshonte:
Shokë ndër cuba vojt e gjet".

"Vlla" — i përgjegji zëmervshtiri, —
Njitu t'vrava e këtu po des;
Nuk kam sy me m' pa ma njeri,
Ngryk' me ty njitu po jes".

"Jo, ti shëndosh e fill te shpija,
Te nanë zeza fluturo;
Pa asnji fëmij, e mbytë vetmija,
E mbëlon skami: Mos e lësho!

"Shka t'i tham mandej nanës ngratë
N' kjoftë se pvetë për ty ndo'j send?" –
Thuej se mora nji rrugë t' giatë
Se bashkë n'Qiell dikur xam vend.

Të vorruemit Sir John Moore
(Wolf)

Lodertijat nuk u ndienë,
S'u ndie gjama e miqasiës.
Kur fatosin n'vorr e shtien
E prei luftnave pushoj;
S'pat t'percjellt'e kaloriës
T'falët e armve s'i qilloj.

Nëpër terr qi leshote nata,
Me i çilë vorrin na shpejtoshim ;
E n'nji vorr qi gropoj shpata
Trupi i t'dekunit pushon.
Me 'j kandil tu u fikë punoshim
Me dritë t'zbëta qi hana lëshon.

Nji pelhurë s'ja pshtuellme shtatit ,
As nji rizë at ftyrë s'ja mbëlote ;
Me i pritë dhet ndopak te ngratit
Arkë për doret nuk u gjet:
Si 'j luftar qi flen pushote
Vesh'e njeshë me stolië t'vet.

Dhimshem burrin tui ankue
Nëpër buzë, e salikueme;
Por nji vaj, qi me diftue
T'dhimt'e zemers kui s'i pshtoj.
Tui këqyrë vorrin u kujtueme
Se'j ditë tjetrë bic' agoj.

Kur nën krye i vuem nji gur
Me fjetë burri për gjithmonë,

Mbi ftyrë t'tij, mënduem, dikur
Kamba e t'huejit ah! Tash shklet;
Andej detin, ku t'pazonë
Pushka e inglizit nuk e pret.

Mbt vorr t'tij dikur trimnin
Tham', ja shan pa frigë ushtari:
Por jo! I vrami vet ndjerzin
Ka me mujt me e çuemun n'cak.
Ka e vue dora e inglizve, udhtari
Jo ket vorr s'e prek aspak.

Tui mbarue ket veprë mënshiret
U avit koha me kalue ;
Krisma e jonë me'j tjetrë diret
Qi ma rreptë po shungullon
Lerg e lerg tui bumullue
Mb'armë armiku rrokull lëshon

N'vënd ku gjakun derdhi trimi
Ja ruen trupin veç shkretija ;
E nji rrasë, ku t'vëhej shkrimi.
Me e permendun nuk u gjet.
Na e lamë burrin, por trimnija.
N'buzë të vorrit me të jet.

Mbreti i Tules
(W. Goethe)

Deri n'dekë besnik ke s'thohet
Ishte n'Tule 'j padisha,
Diq e dashta mbas do kohet
E 'j got' arit shej i la.

Sa at gotë arit gja nuk dote
E gjithmonë me tene piu;
Por ka 'j lot për faqe i shkote
Gjithsaherë pite fatziu.

Kur pau vedin tuj mbarue
Njeh qytetet, e gjithçka
Trashgimtarit ia la shkrue,
Por putirin nuk ia la.

N'deje t'i'parve, n'buzë të dedit
Gjith', parsinë n'nji gost' i thrret;
Ulet n'gost e ka rreth vedit
Mbledhun bashkë parsin' e vet.

E t'ksaj t'kandshmes jetë dëshirin
Piu ma t'mbramin e lumnoi
Pijsi plak, mandej putirin
Ndër valë t'detit e flakroi.

Tuj e zhyt' e pau n'fund t'zallit
Tuj këcye, nalt tuj hupë me turr;
E n'at' ças i ranë prej ballit
Fikun syt' e s'piu ma kurr.

Historia e Mjedës

Ndre Mjedja (Shkodër, 20 nëntor 1866 - 1 gusht 1937) ka qenë prift, gjuhëtar, poet lirik dhe deputet shqiptar

U lind në Shkodër më **20 nëntor 1866**, i biri i Jakut të Zef Kryeziut nga Mirdita dhe Luçijes së Shtjefën Thaçit, banonin në një jerevi në rrugëzën "Krroqej". I mbetur jetim nga i ati herët, me përkrahjen e jezuitit Atë Jungg u regjistrua me të vëllanë, Lazrin, në kolegjin saverian të porsahapur; ku studioi **nga 5 prill 1877 deri më 1880**. Në edukimin e tij patën ndikim Ndue Bytyçi dhe Leonardo de Martino. Shoqëria e Jezuit e dërgoi djaloshin Mjeda jashtë për studime e specializime.

Më **27 mars 1880** ai kish hyrë në Shoqatën e Jezuitëve të Provincës së Venecias. Në fillim ndenji tre muaj në pranverë 1880 në fshatin *Cossé-le-Vivien*, sot në qarkun Mayenne të Francës, kurse më pas ndoqi një kolegj në manastirin Kartuzian "Porta Coeli" në veri të Valencias në Spanjë, ku studjoi për letërsi.

Më **1883** gjendej në Porto Re duke studjuar retorikë, latinisht dhe italisht në një institut jezuit. Nga 1884 deri në fillim të vitit 1887 u stërvit në kolegjin "Marco Gerolamo Vida" në Kremona që drejtohej nga Universiteti Gregorian i Romës, kurse më 1887 u transferua në një kolegj tjetër gregorian në Kieri (Chieri), në juglindje të Torinos, ku ndenji deri në fund të atij viti.

Nga 1887 deri më 1891 Mjeda dha muzikë në kolegjin "Marco Girolamo Vida" në Kremona. Nga viti 1891 Mjeda studioi për disa vjet në fakultetin teologjik të kolegjit Gregorian të Krakovit, ku dhe u njoh me veprat albanologjike të Meyer e Pedersen. Më 1893 gjendej në Goricia, kurse pas një viti përsëri në Kraljevica, ku dha mësim filozofi e teologji e ku shërbeu si bibliotekar në kolegjin Gregorian. U emërua profesor i logjikës e më pas i metafizikës. Më 1898 për arsye fërkimesh mes Vatikanit dhe Perandorisë Austro-Hungareze, Mjeda u përjashtua nga Shoqëria e Jezuit.

Më 1899 e abatit Doçi, u emërua famullitar në Vig dhe u anëtarësua në shoqërinë "Bashkimi". Por më pas u largua dhe me të vëllain, themeluan shoqërinë "Agimi" i përkrahur edhe nga Xanoni e Logoreci. Shkurtin e 1902 i dërgon një letër apokrife konsullatave të huaja për kërkesat që kishin kryengritësit mirditorë në atë kohë. Nga 17 marsi i 1905 deri më 15 mars 1906 shërbeu si famullitar në Dajç, dhe më pas në Kukël. Më 1908 si përfaqësues i shoqërisë "Agimi" mori pjesë në takimet që u bënë me rastin e Kongresit të Manastirit.

Më 1913-1916, pas mbarimit të rrethimit të Shkodrës, vijoi të shërbente si famullitar i Kuklit, ku në mars të 1914 hartoi një projekt për krijimin e një ferme bujqësore moderne të cilin ia dorëzoi konsullit të përgjithshëm të Perandorisë Austro-Hungareze në Shkodër, Hallas. Organizoi qëndresën kur serbët ripushtuan zonën dhe në ikje e sipër e arrestuan në janar të 1916.

Gjatë pushtim-administrimit austro-hungarez, u thirr në Shkodër si anëtar i Komisís Letrare dhe më 11 dhjetor 1916 u emërtua mis veprues i Komisisë me rrogë. Në maj të 1917 ndërmori një ekspeditë shkencore trijavore në qytetin dhe krahinën e Elbasanit për të gjurmuar veçoritë e të folmes së elbasanishtes, që Komisia kishte vendosur të ishte baza e shqipes së njësuar.

Më 1921 u zgjodh deputet i prefekturës së Shkodrës, u rizgjodh në dhjetorin e 1923; në famullinë e tij në Kukël kishte lënë zëvendës Dom Ndre Zadejën. Gjatë veprimtarisë parlamentare, Mjeda në qershor 1921 u caktua në Komisionin parlamentar të Drejtësisë. Në korrik mbajti një fjalim të fuqishëm për çështjen e masakrave serbe në Kosovë. Hartoi edhe pjesë nga rregullorja e brendshme e parlamentit të kohës, përkatësisht ligjin për formimin e komisionit për shqyrtimin e zgjedhjeve të deputetëve, si dhe funksionimin e tij. Pas vrasjes së Avni Rustemit, Mjeda bashkë me kolegët e vet përfaqësues të Shkodrës, u kthye në Shkodër dhe në maj të 1924 nxit fshatarët e Kuklit që të përkrahnin revoltimin e njësive të ushtrisë që çuan drejt Lëvizjes së qershorit dhe qe pjesë e shtabit të kryengritjes.

Pas Lëvizjes jetëshkurtër të qershorit dhe rikthimit të Zogut, tek po bëhej gati të shkonte me autobus në Tiranë që të merrte pjesë në punimet e Asamblesë, u arrestua dhe u burgos në Prefekturën e qytetit të Shkodrës nga 14 janari deri më 2 mars 1925. U tërhoq nga jeta politike dhe u kthye në Kukël. Nga viti 1930 qe mësues i gjuhës dhe letërsisë shqiptare në kolegjin jezuit në Shkodër.

Ndërroi jetë më **1 gusht 1937** nga një atak në zemër.

Ndre Mjeda, portret

Mjeda në Itali

Ndre Mjeda, Gjergj Fishta dhe Luigj Gurakuqi

Pjesë e Kongresit të Manastirit

www.ingramcontent.com/pod-product-compliance
Lightning Source LLC
Chambersburg PA
CBHW050539160726
48003CB00002B/669